D0557192

PAPA FRANCISCO

LAS ENSEÑANZAS DE MARÍA

PAPA FRANCISCO

LAS ENSEÑANZAS DE MARÍA

Por un Jubileo de misericordia

ORIGEN

Las enseñanzas de María

Primera edición: septiembre de 2017

Título original: *Il Vangelo Di Maria*

© 2016 Libreria Editrice Vaticana, Città del Vaticano

© 2016 by Edizioni Piemme S.p.A., Milano

Derechos adquiridos a través de:

Ute Körner Literary Agent, Barcelona, www.uklitag.com

© 2017 de la presente edición en castellano para todo el mundo:

Penguin Random House Grupo Editorial USA, LLC.

8950 SW 74th Court, Suite 2010

Miami, FL 33156

Edición de Elena Inversetti

Foto de cubierta: Vincenzo Pinto/AFP/Getty Images

www.librosorigen.com

ISBN: 978-1-945540-69-1

Printed in USA

Penguin
Random House
Grupo Editorial

Encomendémonos a la Madre de la misericordia,
para que dirija su mirada sobre nosotros
y vele sobre nuestro camino.

Papa Francisco
Basílica vaticana, 13 de marzo de 2015

EL AÑO DE LA MISERICORDIA

Queridos hermanos y hermanas, he pensado con frecuencia de qué forma la Iglesia puede hacer más evidente su misión de ser testigo de la misericordia. Es un camino que inicia con una conversión espiritual, y tenemos que recorrer este camino. Por eso he decidido convocar un Jubileo extraordinario que tenga en el centro la misericordia de Dios. Será un Año santo de la misericordia. Lo queremos vivir a la luz de la Palabra del Señor: "Sed misericordiosos como el Padre" (cfr. *Lc* 6, 36). Esto especialmente para los confesores: ¡mucha misericordia!

Este Año santo iniciará con la próxima solemnidad de la Inmaculada Concepción y concluirá el 20 de noviembre de 2016, domingo de Nuestro Señor Jesucristo Rey del universo y rostro vivo de la misericordia del Padre. Encomiendo la organización de este Jubileo al Consejo Pontificio para la Promoción de la Nueva Evangelización, para que pueda animarlo como una nueva etapa del camino de la Iglesia en su misión de llevar a cada persona el Evangelio de la misericordia.

Estoy convencido de que toda la Iglesia, que tiene una gran necesidad de recibir misericordia, porque somos pecadores, podrá encontrar en este Jubileo la alegría para redescubrir y hacer fecunda la misericordia de Dios, con la cual todos estamos llamados a dar consuelo a cada hombre y a cada mujer de nuestro tiempo. No olvidemos que Dios perdona todo, y Dios perdona siempre. No nos cansemos de pedir perdón.

Encomendemos desde ahora este Año a la Madre de la misericordia, para que dirija su mirada sobre nosotros y vele sobre nuestro camino: nuestro camino penitencial, nuestro camino con el corazón abierto, durante un año, para recibir la indulgencia de Dios, para recibir la misericordia de Dios.

Papa Francisco
Basílica vaticana, 13 de marzo de 2015

1

LA MADRE DE LA MISERICORDIA

El tiempo de la misericordia

Desde hace 30 años o más, hasta ahora, vivimos en tiempo de misericordia. En toda la Iglesia es tiempo de la misericordia. Ésta fue una intuición de Juan Pablo II. Él tuvo "el olfato" de que éste era el tiempo de la misericordia. Pensemos en la beatificación y canonización de la hermana Faustina Kowalska; luego introdujo la fiesta de la Divina Misericordia. Despacito fue avanzando, siguió adelante con esto.

Dar el corazón a los miserables

La etimología de la palabra "misericordia" es *miseris cor dare*, "dar el corazón a los miserables", a aquellos que tienen necesidad, a aquellos que sufren. Esto es lo que hizo Jesús: abrió su corazón a la miseria del hombre. El Evangelio es rico en episodios que presentan la misericordia de Jesús, la gratuidad de su amor para quien sufre y para los débiles.

De las narraciones evangélicas podemos deducir la cercanía, la bondad, la ternura con las que Jesús se acercaba a las personas que sufrían y las consolaba, las aliviaba y a menudo las curaba. Con el ejemplo de nuestro Maestro también nosotros estamos llamados a acercarnos, a compartir la condición de las personas que encontramos. Hace falta que nuestras palabras, nuestros gestos, nuestras actitudes demuestren la solidaridad, la voluntad de no permanecer ajenos al sufrimiento de los demás, con calor fraterno, pero sin caer en alguna forma de paternalismo.

Curar las heridas

¿Cuál es el sitio donde Jesús estaba más a menudo, dónde se le podía encontrar fácilmente? En las calles. Parecía no tener hogar, porque siempre estaba en la calle. La vida de Jesús estuvo en la calle. Sobre todo, esto nos invita a sentir la profundidad de su corazón, lo que Él siente por la muchedumbre, por la gente que encuentra: viendo a la gente, tiene una actitud interior de "compasión", sintió compasión. Porque ve a las personas "cansadas y agotadas como ovejas sin pastor". Hoy podemos pensar la Iglesia como un "hospital de campo". ¡Se necesita curar las heridas, muchas heridas! ¡Muchas heridas! Hay mucha gente herida, por los problemas materiales, por los escándalos, incluso en la Iglesia. Gente herida por las falacias del mundo. Misericordia significa, ante todo, curar las heridas.

María nos enseña la misericordia

La cizaña es un término que en hebreo deriva de la misma raíz del nombre "Satanás" y remite al concepto de división. Todos sabemos que el demonio es un "sembrador de cizaña", aquel que siempre busca dividir a las personas, las familias, las naciones y los pueblos. Los servidores quisieran quitar inmediatamente la hierba mala, pero el dueño lo impide con esta razón: "No, que al recoger la cizaña podéis arrancar también el trigo" (*Mt* 13, 29). Porque todos sabemos que la cizaña, cuando crece, se parece mucho al trigo, y allí está el peligro que se confundan.

Este enemigo es astuto: ha sembrado el mal en medio del bien, de tal modo que es imposible, para nosotros hombres, separarlos claramente; pero Dios, al final, podrá hacerlo.

Y aquí pasamos al segundo tema: la contraposición entre la impaciencia de los servidores y la *paciente espera* del propietario del campo, que representa a Dios. Nosotros a veces tenemos una gran prisa por juzgar, clasificar, poner de este lado a los buenos y del otro a los malos... Pero recordad la oración de ese hombre soberbio: "Oh Dios, te doy gracias porque yo soy bueno, no soy como los demás hombres, malos..." (cfr. *Lc* 18, 11-12). Dios en cambio sabe esperar. Él mira el "campo" de la vida de cada persona con paciencia y misericordia: ve mucho mejor que nosotros la suciedad y el mal, pero ve también los brotes de bien y espera con confianza que maduren. Dios es paciente, sabe esperar. Qué hermoso es esto: nuestro Dios es un padre paciente, que nos espera siempre y nos espera con el corazón en la mano para acogernos, para perdonarnos. Él nos perdona siempre si vamos a Él.

La actitud del propietario es la actitud de la esperanza fundada en la certeza de que el mal no tiene ni la primera ni la última palabra. Y es gracias a esta *paciente esperanza* de Dios que la cizaña misma, es decir el corazón malo con muchos pecados, al final puede llegar a ser buen trigo. Pero atención: la paciencia evangélica no es indiferencia al mal; no se puede crear confusión entre bien y mal. Ante la cizaña presente en el mundo, el discípulo del Señor está llamado a imitar la paciencia de Dios, a alimentar la esperanza con el apoyo de una firme confianza en la victoria final del bien, es decir, de Dios.

Al final, en efecto, el mal será quitado y eliminado: en el tiempo de la cosecha, es decir del juicio, los encargados de cosechar seguirán la orden del patrón separando la cizaña para quemarla (cfr. *Mt* 13, 30). Ese día de la cosecha final *el juez será Jesús*, Aquél que ha sembrado el buen trigo en el mundo y que se ha convertido *Él mismo en "grano de trigo"*, que murió y resucitó.

Al final todos seremos juzgados con la misma medida con la cual hemos juzgado: *la misericordia que hemos usado hacia los demás será usada también con nosotros.* Pidamos a la Virgen, nuestra Madre, que nos ayude a crecer en paciencia, esperanza y misericordia con todos los hermanos.

2

MARÍA DESATA LOS NUDOS

Oración a María que desata los nudos

Santa María, llena de la Presencia de Dios, durante los días de tu vida aceptaste con toda humildad la voluntad del Padre, y el Maligno nunca fue capaz de enredarte con sus confusiones. Ya junto a tu Hijo intercediste por nuestras dificultades y, con toda sencillez y paciencia, nos diste ejemplo de cómo desenredar la madeja de nuestra vida.

Y al quedarte para siempre como Madre Nuestra, pones en orden y haces más claros los lazos que nos unen al Señor.

Santa María, Madre de Dios y Madre Nuestra, Tú que con corazón materno desatas los nudos que entorpecen nuestra vida, te pedimos que recibas en tus manos (se encomienda a María el nudo o el problema que nos aflige) y que me libres de las ataduras y confusiones con que hostiga el que es nuestro enemigo.

Por tu gracia, por tu intercesión, con tu ejemplo, líbranos de todo mal, Señora Nuestra, y desata los nudos que impiden nos unamos a Dios, para que, libres de toda confusión y error, lo hallemos en todas las cosas, tengamos en

Él puestos nuestros corazones y podamos servirle siempre en nuestros hermanos. Amén.

Confiamos en María

Todos tenemos nudos en el corazón, faltas, y atravesamos dificultades. Nuestro Padre bueno, que distribuye la gracia a todos sus hijos, quiere que confiemos en María, que le encomendemos los nudos de nuestros males, los enredos de nuestras miserias que nos impiden unirnos a Dios, para que los desate y nos acerque a su hijo Jesús. Éste es el significado de la imagen.

La Virgen María se nos acerca para que ofrezcamos esos nudos, y Ella los desatará uno tras otro. Ahora acerquémonos a ella. Contemplándole descubriréis que no estáis solos. Delante de Ella desearéis confiarle vuestras angustias, vuestros nudos y, desde ese momento, todo puede cambiar. Cuando tengo un problema se lo encargo. No le pido que lo resuelva, sino que lo tenga en sus manos y me ayude: como señal recibo casi siempre una rosa.

María nos acompaña siempre

La Virgen es muy importante en nuestra vida. Ella también nos acompaña en la opción definitiva, la opción vocacional, porque ella acompañó a su Hijo en su camino vocacional que fue muy duro, muy doloroso. Ella nos acompaña siempre.

Cuando un cristiano me dice, no que no ama a la Virgen, sino que no le nace buscar a la Virgen o rezar a la Virgen, yo me siento triste. Recuerdo una vez, hace casi 40 años, yo estaba en Bélgica, en un congreso, y había una pareja de catequistas, ambos profesores universitarios, con hijos, una hermosa familia, y hablaban muy bien de Jesucristo. En un cierto punto dije: "¿Y la devoción a la Virgen?" "Nosotros hemos superado esa etapa. Nosotros conocemos tanto a Jesucristo que no necesitamos a la Virgen." Y lo que surgió en mi mente y en mi corazón fue: "¡Bah..., pobres huérfanos!" Es así, ¿no? Porque un cristiano sin la Virgen es huérfano. También un cristiano sin Iglesia es un huérfano. Un cristiano necesita a estas dos mujeres, dos mujeres madres, dos mujeres vírgenes: la Iglesia y la Virgen. Y para hacer el "test" de una vocación cristiana justa es necesario preguntarse: "¿Cómo es mi relación con estas dos Madres que tengo?", con la madre Iglesia y con la madre María. Esto no es un pensamiento de "piedad", no, es teología pura. Esto es teología. ¿Cómo es mi relación con la Iglesia, con mi madre Iglesia, con la santa madre Iglesia jerárquica? ¿Y cómo es mi relación con la Virgen, que es mi mamá, mi Madre? Esto hace bien: no abandonarla jamás y no caminar solos.

La madre de la ternura

María nos enseña a cuidar de la vida, siempre. Hace falta protegerla con la misma ternura que ella tuvo: desde la concepción hasta el último aliento. ¡Cuidar de la vida interior, sembrar esperanza! ¡Un pueblo que se preocupa por la vida siembra esperanza! Cuidar de la vida de los niños y los ancianos, las dos puntas extremas de la vida. Un pueblo que no cuida a los niños y a los ancianos es un pueblo en decadencia; cuidemos de ellos, porque en ellos está el futuro de un pueblo: los niños porque son la fuerza del futuro de la patria, los ancianos porque son el tesoro de sabiduría que se derrama sobre ellos. Fuerza y sabiduría. Cuidar de la vida es sembrar esperanza. María cuidó a Jesús desde que era pequeño y nos cuida a nosotros, que somos sus hijos, desde que éramos pequeños.

3

BENDITA ENTRE LAS MUJERES

Bendita por la fe

María es bendita por su fe en Dios; por su fe, porque la mirada de su corazón siempre ha estado fija en Dios, en el hijo de Dios que ha llevado en su seno y ha contemplado en la cruz. En la adoración del Santo Sacramento, María nos dice: "Mira a mi hijo Jesús, mantén la mirada fija en él, escúchale, habla con Él. Él te mira con amor. ¡No tengas miedo! Él te enseñará a seguirlo para darle testimonio en las grandes y pequeñas acciones de tu vida, en la relación con tu familia, en tu trabajo, en los momentos de fiesta; te enseñará a salir de ti mismo, de ti misma, para mirar a los demás con amor, como Él que, no con palabras sino con hechos, ¡te ha amado y te ama!"

Beatitud y persecución

Seguir a Jesús es una alegría. En las Bienaventuranzas, Jesús dijo: bienaventurados vosotros cuando os insulten, cuando os persigan a causa de mi nombre. La cruz está siempre en el camino cristiano.

Pero también tendremos persecución, porque el mundo no acepta la divinidad de Cristo, no acepta el anuncio del Evangelio, no acepta las Bienaventuranzas. Os digo que hoy hay más mártires que en los primeros tiempos de la Iglesia. Numerosos hermanos y hermanas nuestros dan testimonio de Jesús y son perseguidos, son condenados porque poseen una Biblia. No pueden llevar el signo de la cruz. Éste es el camino de Jesús, pero es un camino gozoso, porque jamás el Señor nos pone a prueba más de lo que podemos soportar.

"Bienaventurados" quiere decir "felices"

Jesús enseña el camino de la vida, el camino que Él mismo recorre, es más, que Él mismo *es*, y lo propone como camino para la verdadera felicidad. En toda su vida, desde el nacimiento en la gruta de Belén hasta la muerte en la cruz y la resurrección, Jesús encarnó las Bienaventuranzas. Todas las promesas del Reino de Dios se han cumplido en Él.

Al proclamar las Bienaventuranzas, Jesús nos invita a seguirle, a recorrer con Él el camino del amor, el único que lleva a la vida eterna. No es un camino fácil, pero el Señor nos asegura su gracia y nunca nos deja solos. Pobreza, aflicciones, humillaciones, lucha por la justicia, cansancios en la conversión cotidiana, dificultades para vivir la llamada a la santidad, persecuciones y otros muchos desafíos están presentes en nuestra vida. Pero, si abrimos la puerta a Jesús, si dejamos que Él esté en nuestra vida, si compartimos con Él las alegrías y los sufrimientos, experimentaremos una paz y una alegría que sólo Dios, amor infinito, puede dar.

Las Bienaventuranzas de Jesús son portadoras de una novedad revolucionaria, de un modelo de felicidad opuesto al que habitualmente nos comunican los medios de comunicación, la opinión dominante. Para la mentalidad mundana, es un escándalo que Dios haya venido para hacerse uno de nosotros, que haya muerto en una cruz. En la lógica de este mundo, los que Jesús proclama bienaventurados son considerados "perdedores", débiles. En cambio, son exaltados el éxito a toda costa, el bienestar, la arrogancia del poder, la afirmación de sí mismo en perjuicio de los demás.

Jesús no tuvo miedo de preguntar a sus discípulos si querían seguirle de verdad o si preferían irse por otros caminos (cfr. *Jn* 6, 67). Y Simón, llamado Pedro, tuvo el valor de contestar: "Señor, ¿a quién vamos a acudir? Tú tienes palabras de vida eterna".

Pero, ¿qué significa "bienaventurados" (en griego *makarioi*)? Bienaventurados quiere decir felices.

En una época en que tantas apariencias de felicidad nos atraen, corremos el riesgo de contentarnos con poco, de tener una idea de la vida "en pequeño". ¡Aspirad, en cambio, a cosas grandes! ¡Ensanchad vuestros corazones! Como decía el beato Piergiorgio Frassati: "Vivir sin una fe, sin un patrimonio que defender, y sin sostener, en una lucha continua, la verdad, no es vivir, sino ir tirando. Jamás debemos ir tirando, sino vivir" (*Carta a I. Bonini*, 27 de febrero de 1925).

Si de verdad dejáis emerger las aspiraciones más profundas de vuestro corazón, os daréis cuenta de que en vosotros hay un deseo inextinguible de felicidad, y esto os permitirá desenmascarar y rechazar tantas ofertas "a bajo precio" que encontráis a vuestro alrededor. Cuando buscamos el éxito, el placer, el poseer en modo egoísta y los convertimos en ídolos, podemos experimentar también momentos de embriaguez, un falso sentimiento de satisfacción, pero al final nos hacemos esclavos, nunca estamos satisfechos, y sentimos la necesidad de buscar cada vez más. Es muy triste ver a una juventud "harta", pero débil.

La Bienaventuranza de los pobres de espíritu orienta nuestra relación con Dios, con los bienes materiales y con los pobres. Ante el ejemplo y las palabras de Jesús, nos damos cuenta de cuánta necesidad tenemos de conversión, de hacer que la lógica del *ser más* prevalezca sobre la del *tener más*. Los santos son los que más nos pueden ayudar a entender el significado profundo de las Bienaventuranzas. La canonización de Juan Pablo II, el segundo Domingo de Pascua, es, en este sentido, un acontecimiento que llena nuestro corazón de alegría. En la comunión de los santos seguirá siendo para todos vosotros un padre y un amigo.

El *Magnificat*, el cántico de María, pobre de espíritu, es también el canto de quien vive las Bienaventuranzas. La alegría del Evangelio brota de un corazón pobre, que sabe regocijarse y maravillarse por las obras de Dios, como el corazón de la Virgen, a quien todas las generaciones llaman "dichosa" (cfr. *Lc* 1, 48). Que Ella, la madre de los pobres y la estrella de la nueva evangelización, nos ayude a vivir el Evangelio, a encarnar las Bienaventuranzas en nuestra vida, a atrevernos a ser felices.

4

HUMILDE Y ALTA, MÁS QUE CREATURA

La Iglesia pobre

El adjetivo griego *ptochós* (pobre) no sólo tiene un significado material, sino que quiere decir "mendigo". Está ligado al concepto judío *anawim*, los "pobres de Yahvé", que evoca humildad, conciencia de los propios límites, de la propia condición existencial de pobreza. Los *anawim* se fían del Señor, saben que dependen de Él. Jesús, como entendió perfectamente santa Teresa del Niño Jesús, en su Encarnación se presenta como un mendigo, un necesitado en busca de amor. El *Catecismo de la Iglesia Católica* habla del hombre como un "mendigo de Dios" (n. 2559) y nos dice que la oración es el encuentro de la sed de Dios con nuestra sed (n. 2560).

¡Tenemos tanto que aprender de la sabiduría de los pobres! Un santo del siglo XVIII, Benito José Labre, que dormía en las calles de Roma y vivía de las limosnas de la gente, se convirtió en consejero espiritual de muchas personas, entre las que figuraban nobles y prelados. En cierto sentido, los pobres son para nosotros como maestros. Nos enseñan que una persona no es valiosa por lo que posee, por lo que tiene en su cuenta en el banco. Un pobre, una persona que no tiene bienes materiales, mantiene siempre su dignidad. Los pobres pueden enseñarnos mucho, también sobre la humildad y la confianza en Dios. En la parábola del fariseo y el publicano (*Lc* 18, 9-14), Jesús presenta a este último como modelo porque es humilde y se considera pecador. También la viuda que echa dos pequeñas monedas en el tesoro del templo es un ejemplo de la generosidad de quien, aun teniendo poco o nada, da todo (*Lc* 21, 1-4).

El Señor quiere una Iglesia pobre que evangelice a los pobres. Cuando Jesús envió a los Doce les dijo: "No os procuréis en la faja oro, plata ni cobre; ni tampoco alforja para el camino; ni dos túnicas, ni sandalias, ni bastón; bien merece el obrero su sustento" (*Mt* 10, 9-10). La pobreza evangélica es una condición fundamental para que el Reino de Dios se difunda. Las alegrías más hermosas y espontáneas que he visto en el transcurso de mi vida son las de personas pobres, que tienen poco a que aferrarse. La evangelización, en nuestro tiempo, sólo será posible por medio del contagio de la alegría.

La "pobreza de espíritu"

¿Qué es, pues, esta pobreza con la que Jesús nos libera y nos enriquece? Es precisamente su modo de amarnos, de estar cerca de nosotros, como el buen samaritano que se acerca a ese hombre que todos habían abandonado medio muerto al borde del camino (cfr. *Lc* 10, 25 ss). Lo que nos da verdadera libertad, verdadera salvación y verdadera felicidad, es su amor lleno de compasión, de ternura, que quiere compartir con nosotros. La pobreza de Cristo que nos enriquece consiste en el hecho de que se hizo carne, cargó con nuestras debilidades y nuestros pecados, comunicándonos la misericordia infinita de Dios. La pobreza de Cristo es la mayor riqueza: la riqueza de Jesús es su confianza ilimitada en Dios Padre, es encomendarse a Él en todo momento, buscando siempre y solamente su voluntad y su gloria. Es rico como lo es un niño que se siente amado por sus padres y los ama, sin dudar ni un instante de su amor y su ternura. La riqueza de Jesús radica en el hecho de ser *el Hijo*, su relación única con el Padre es la prerrogativa soberana de este Mesías pobre. Cuando Jesús nos invita a tomar su "yugo llevadero", nos invita a enriquecernos con esta "rica pobreza" y "pobre riqueza" suyas, a compartir con Él su espíritu filial y fraterno, a convertirnos en hijos en el Hijo, hermanos en el Hermano Primogénito (cfr. *Rom* 8, 29).

Cuando el hombre se entiende así y se educa a vivir así, la originaria pobreza de la creación no es sentida como una minusvalía, sino como un recurso, con el que se enriquece cada uno y se da libremente, es un bien y un regalo útil para todos. Ésta también es la luz positiva con la que el Evangelio nos invita a ver la pobreza. Incluso al hacer todo lo que está en nuestro poder y al rehuir de toda irresponsable atadura a nuestras debilidades, no tememos reconocernos necesitados e incapaces de proveernos de todo lo que necesitamos, porque solos y únicamente con nuestras fuerzas no logramos vencer cada obstáculo. No temamos reconocer esto, porque el propio Dios, en Jesús, ha descendido (cfr. Filipenses 2, 8) y desciende sobre nosotros y sobre nuestra pobreza para ayudarnos y darnos aquellos bienes que solos no podríamos tener. Por eso, Jesús alaba a los "pobres de espíritu" (*Mt* 5, 3), vale decir, a quienes ven sus propias necesidades y, necesitados como somos, se confían a Dios, no temiendo depender de Él (cfr. *Mt* 6, 26). ¡De Dios podemos, en efecto, tener aquel Bien que ningún obstáculo puede impedir, porque Él es más fuerte que cualquier impedimento y lo ha demostrado cuando venció a la muerte! ¡Dios da riqueza a quien ha sido pobre (cfr. 2 Corintios 8, 9), enriqueciéndolo con sus dones! Él nos ama, cada fibra de nuestro ser le es querida, a sus ojos cada uno de nosotros es único y tiene un valor inmenso: "Es más, aun los cabellos de vuestra cabeza están todos contados... vosotros valéis más que muchos pajarillos" (Lucas 12, 7).

La sierva del Señor

Ante todo somos un *pueblo que sirve a Dios*. El servicio a Dios se realiza de diversos modos, en particular en la oración y en la adoración, en el anuncio del Evangelio y en el testimonio de la caridad. Y siempre el icono de la Iglesia es la Virgen María, la "sierva del Señor" (*Lc* 1, 38; cfr. 1, 48).

Que María os ayude a ser Iglesia materna, Iglesia acogedora y atenta con todos. Que ella esté siempre junto a vosotros, a vuestros enfermos, a vuestros ancianos, que son la sabiduría del pueblo, a vuestros jóvenes. Que sea signo de consuelo y de esperanza segura para todo vuestro pueblo.

5

JUNTO A SUS HIJOS EN LAS PERIFERIAS

Pobreza evangélica no es pauperismo

La pobreza y la humildad están en el centro del Evangelio, y lo digo en un sentido teológico, no sociológico. No se puede entender el Evangelio sin la pobreza, pero hay que distinguirla del pauperismo. Yo creo que Jesús quiere que los obispos no seamos príncipes, sino servidores.

La dimensión de párroco es la que más muestra mi vocación. Servir a la gente me sale de dentro. Apago la luz para no gastar mucho dinero, por ejemplo. Son cosas que tiene un párroco. Pero también me siento Papa. Me ayuda a hacer las cosas con seriedad. Mis colaboradores son muy serios y profesionales. Tengo ayuda para cumplir con mi deber. No hay que jugar al Papa párroco. Sería inmaduro. Cuando viene un jefe de Estado tengo que recibirlo con la dignidad y el protocolo que se merece. Es verdad que con el protocolo tengo mis problemas, pero hay que respetarlo.

María nos acoge bajo su manto

En los países más pobres, pero también en las periferias de los países más ricos, se encuentran muchas personas cansadas y agobiadas bajo el peso insoportable del abandono y la indiferencia. La indiferencia: ¡cuánto mal hace a los necesitados la indiferencia humana! Y peor, ¡la indiferencia de los cristianos! En las márgenes de la sociedad son muchos los hombres y mujeres probados por la indigencia, pero también por la insatisfacción de la vida y la frustración. Muchos se ven obligados a emigrar de su patria, poniendo en riesgo su propia vida. Muchos más cargan cada día el peso de un sistema económico que explota al hombre, le impone un "yugo" insoportable, que los pocos privilegiados no quieren llevar. A cada uno de estos hijos del Padre que está en los cielos, Jesús repite: "Venid a mí, todos vosotros". Lo dice también a quienes poseen todo, pero su corazón está vacío y sin Dios. También a ellos Jesús dirige esta invitación: "Venid a mí". La invitación de Jesús es para todos. Pero de manera especial para los que sufren más.

Invoquemos a María santísima, que acoge bajo su manto a todas las personas cansadas y agobiadas, para que a través de una fe iluminada, testimoniada en la vida, podamos ser alivio para cuantos tienen necesidad de ayuda, de ternura, de esperanza.

Una Sagrada Familia de migrantes

Pienso también en cómo la Sagrada Familia de Nazaret ha tenido que vivir la experiencia del rechazo al inicio de su camino: María "dio a luz a su hijo primogénito, lo envolvió en pañales y lo recostó en un pesebre, porque no había sitio para ellos en la posada" (*Lc* 2, 7). Es más, Jesús, María y José han experimentado lo que significa dejar su propia tierra y ser migrantes: amenazados por el poder de Herodes, fueron obligados a huir y a refugiarse en Egipto (cfr. *Mt* 2, 13-14). Pero el corazón materno de María y el corazón atento de José, custodio de la Sagrada Familia, han conservado siempre la confianza en que Dios nunca les abandonará. Que por su intercesión, esta misma certeza esté siempre firme en el corazón del migrante y el refugiado.

María está en contra de la "Iglesia del bienestar"

He dicho que los pobres están en el centro del Evangelio; están también al principio y al final. Jesús, en la sinagoga de Nazaret, habla claro, al comienzo de su vida apostólica. Y cuando habla del último día y nos da a conocer ese "protocolo" con el que todos seremos juzgados (*Mt* 25), también allí se encuentran los pobres. Hay un peligro, una tentación, que aparece en los momentos de prosperidad: es el peligro de que la comunidad cristiana se "socialice", es decir, que pierda su dimensión mística, que pierda la capacidad de celebrar el Misterio y se convierta en una organización espiritual, cristiana, con valores cristianos, pero sin fermento profético. En tal caso, se pierde la función que tienen los pobres en la Iglesia. Es una tentación que han tenido las Iglesias particulares, las comunidades cristianas, a lo largo de la historia. Hasta el punto de transformarse en una comunidad de clase media, en la que los pobres llegan incluso a sentir vergüenza: les da vergüenza entrar. Es la tentación del bienestar espiritual, del bienestar pastoral. No es una Iglesia pobre para los pobres, sino una Iglesia rica para los ricos, o una Iglesia de clase media para los acomodados. Y esto no es algo nuevo: empezó desde los primeros momentos. Pablo se vio obligado a reprender a los Corintios, en la primera Carta, capítulo XI, versículo 17, y el apóstol Santiago fue todavía más duro y más explícito, en el capítulo 2, versículos 1 al 7: se vio obligado a reprender a esas comunidades acomodadas, esas Iglesias acomodadas y para acomodados. No se expulsa a los pobres, pero se vive de tal forma que no se atreven a entrar, no se sienten en su propia casa. Ésta es una tentación de la prosperidad. Yo no les reprendo, porque sé que ustedes trabajan bien. Pero como hermano que tiene que confirmar en la fe a sus hermanos, les digo: estén atentos, porque su Iglesia es una Iglesia en prosperidad, es una gran Iglesia misionera, es una Iglesia grande. Que el diablo no siembre esta cizaña, esta tentación de quitar a los pobres de la estructura profética de la Iglesia, y les convierta en una Iglesia acomodada para acomodados, una Iglesia del bienestar... no digo hasta llegar a la "teología de la prosperidad", no, sino de la mediocridad.

6

LA MUJER DE LA PACIENCIA

Soportar con paciencia

En la oración pedimos dos gracias: soportar con paciencia y vencer con amor las opresiones, exteriores e interiores, aunque no es fácil soportar con paciencia cuando llegan dificultades desde el exterior o cuando nacen problemas en el corazón, el alma, problemas interiores, no es fácil soportarlos con paciencia. Es muy fácil volverse impacientes.

Soportar es tomar la dificultad y llevarla sobre sí, con fuerza, para que la dificultad no nos abata. Ésta es una virtud cristiana. El apóstol Juan habla mucho sobre esto. Soportar significa entonces no dejarnos vencer por las dificultades. El cristiano tiene la fuerza de no bajar los brazos, sino de llevar, de aguantar.

Soportar es una gracia y debemos pedirla en las dificultades. La victoria es la fe en Jesús que nos ha enseñado el camino del amor, la derrota es andar por otro camino.

¡Cuántos cristianos tristes, abatidos, encontramos porque no han tenido esa gracia de soportar con paciencia y vencer con amor!

Tejer hilos de paz

Recordad que la relación autoridad-obediencia se ubica en el contexto más amplio del misterio de la Iglesia y constituye en ella una actuación especial de su función mediadora (cfr. Congregación para los institutos de vida consagrada y las sociedades de vida apostólica, *El servicio de la autoridad y la obediencia*, 12).

El mediador, en cambio, es el que no retiene nada para sí, pero se entrega generosamente, hasta agotarse, sabiendo que el único beneficio es el de la paz. ¡Cada uno de nosotros está llamado a ser un artesano de la paz, uniendo y no dividiendo, extinguiendo el odio y no conservándolo, abriendo las vías del diálogo y no levantando nuevos muros! Dialogar, encontrarnos para establecer en el mundo la cultura del diálogo, la cultura del encuentro.

Acoger la semilla de la Palabra

La semilla que cayó en el camino indica a quienes escuchan el anuncio del Reino de Dios pero no lo acogen; así llega el Maligno y se lo lleva. El Maligno, en efecto, no quiere que la semilla del Evangelio germine en el corazón de los hombres. Ésta es la primera comparación. La segunda es la de la semilla que cayó sobre las piedras: ella representa a las personas que escuchan la Palabra de Dios y la acogen inmediatamente, pero con superficialidad, porque no tienen raíces y son inconstantes, y cuando llegan las dificultades y las tribulaciones, estas personas se desaniman enseguida. El tercer caso es el de la semilla que cayó entre las zarzas: Jesús explica que se refiere a las personas que escuchan la Palabra pero, a causa de las preocupaciones mundanas y de la seducción de la riqueza, se ahoga. Por último, la semilla que cayó en terreno fértil representa a quienes escuchan la Palabra, la acogen, la custodian y la comprenden, y la semilla da fruto. El modelo perfecto de esta tierra buena es la Virgen María.

Esta parábola habla hoy a cada uno de nosotros, como hablaba a quienes escuchaban a Jesús hace dos mil años. Nos recuerda que nosotros somos el terreno donde el Señor arroja incansablemente la semilla de su Palabra y de su amor. ¿Con qué disposición la acogemos? Y podemos plantearnos la pregunta: ¿cómo es nuestro corazón? ¿A qué terreno se parece: ¿a un camino, a un pedregal, a una zarza? Depende de nosotros convertirnos en terreno bueno sin espinas ni piedras, pero trabajado y cultivado con cuidado, a fin de que pueda dar buenos frutos para nosotros y para nuestros hermanos.

Y nos hará bien no olvidar que también nosotros somos sembradores. Dios siembra semilla buena, y también aquí podemos plantearnos la pregunta: ¿qué tipo de semilla sale de nuestro corazón y de nuestra boca? Nuestras palabras pueden hacer mucho bien y también mucho mal; pueden curar y pueden herir; pueden alentar y pueden deprimir. Recordadlo: lo que cuenta no es lo que entra, sino lo que sale de la boca y del corazón.

Que la Virgen nos enseñe, con su ejemplo, a acoger la Palabra, custodiarla y hacerla fructificar en nosotros y en los demás.

La fe en una Presencia

Ésta es una imagen eficaz de la Iglesia: una barca que debe afrontar las tempestades y algunas veces parece estar en la situación de ser volcada. Lo que la salva no son las cualidades y la valentía de sus hombres, sino la fe, que permite caminar incluso en la oscuridad, en medio de las dificultades. La fe nos da la seguridad de la presencia de Jesús siempre a nuestro lado, con su mano que nos sostiene para apartarnos del peligro. Todos nosotros estamos en esta barca, y aquí nos sentimos seguros a pesar de nuestros límites y nuestras debilidades. Estamos seguros sobre todo cuando sabemos ponernos de rodillas y adorar a Jesús, el único Señor de nuestra vida. A ello nos llama siempre nuestra Madre, la Virgen. A ella nos dirigimos confiados.

7

LA MADRE DE JESÚS

La Virgen viene de prisa

Cuando la Virgen, en cuanto recibió el anuncio de que sería la madre de Jesús, y también el anuncio de que su prima Isabel estaba encinta —dice el Evangelio—, se fue deprisa; no esperó. No dijo: "Pero ahora yo estoy embarazada; debo atender mi salud. Mi prima tendrá amigas que a lo mejor la ayudarán". Ella percibió algo y "se puso en camino deprisa". Es bello pensar esto de la Virgen, de nuestra Madre, que va deprisa, porque tiene esto dentro: ayudar. Va para ayudar, no para enorgullecerse y decir a la prima: "Oye, ahora mando yo, porque soy la mamá de Dios". No, no hizo eso. Fue a ayudar. Y la Virgen es siempre así. Es nuestra Madre, que siempre viene deprisa cuando tenemos necesidad. Sería bello añadir a las Letanías de la Virgen una que diga así: "Señora que vas deprisa, ruega por nosotros". Es bello esto, ¿verdad? Porque Ella siempre va deprisa, Ella no se olvida de sus hijos. Y cuando sus hijos están en dificultades, tienen una necesidad y la invocan, Ella acude deprisa. Y esto nos da una seguridad, una seguridad de tener a la Mamá al lado, a nuestro lado siempre. Se va, se camina mejor en la vida cuando tenemos a la Mamá cerca. Pensemos en esta gracia de la Virgen, esta gracia que nos da: estar cerca de nosotros, pero sin hacernos esperar. ¡Siempre! Ella está —confiemos en esto— para ayudarnos. La Virgen que siempre va deprisa, por nosotros.

El "sí" de María

Hay cristianos que confunden caminar con "dar vueltas". No son "caminantes", son errantes y dan vueltas por aquí y por allá en la vida. Están en el laberinto, y allí vagabundean, vagabundean... Les falta la *parresia*, la audacia de ir adelante; les falta la esperanza. Los cristianos sin esperanza dan vueltas por la vida; no son capaces de ir hacia adelante. Sólo estamos seguros cuando caminamos en la presencia del Señor Jesús. Él nos ilumina, Él nos da su Espíritu para caminar bien.

Hace falta aprender de María, revivir su "sí", su disponibilidad total para recibir al Hijo de Dios en su vida, que desde ese momento es transformada. A través del Espíritu Santo, el Padre y el Hijo viven en nosotros: nosotros vivimos en Dios y de Dios.

8

LA MADRE DE LA IGLESIA

La Iglesia nos genera la fe

Entre las imágenes que el Concilio Vaticano II eligió para hacernos comprender mejor la naturaleza de la Iglesia está la de "madre": la Iglesia es nuestra madre en la fe, en la vida sobrenatural (cfr. const. dogm. *Lumen gentium*, 6.14. 15.41.42). Es una de las imágenes más usadas por los Padres de la Iglesia en los primeros siglos, y pienso que puede ser útil también para nosotros. Para mí es una de las imágenes más bellas de la Iglesia: la Iglesia madre. ¿En qué sentido y de qué modo la Iglesia es madre? Partamos de la realidad humana de la maternidad: ¿qué hace una mamá?

Una madre, ante todo, genera la vida, lleva en su seno durante nueve meses al propio hijo y luego le abre a la vida, generándole. Así es la Iglesia: nos genera en la fe, por obra del Espíritu Santo que la hace fecunda, como a la Virgen María. La Iglesia y la Virgen María son madres, ambas; lo que se dice de la Iglesia se puede decir también de la Virgen, y lo que se dice de la Virgen se puede decir también de la Iglesia. Cierto, la fe es un acto personal: "yo creo", yo respondo personalmente a Dios que se da a conocer y quiere entablar amistad conmigo (cfr. Enc. *Lumen fidei*, n. 39). Pero la fe la recibo de otros, en una familia, en una comunidad que me enseña a decir "yo creo", "nosotros creemos". Un cristiano no es una isla. Nosotros no nos convertimos en cristianos en un laboratorio, no nos convertimos en cristianos por nosotros mismos y con nuestras fuerzas, sino que la fe es un regalo, es un don de Dios que se nos da en la Iglesia y a través de la Iglesia. Y la Iglesia nos da la vida de fe en el Bautismo: ése es el momento en el cual nos hace nacer como hijos de Dios, el momento en el cual nos da a la vida de Dios, nos genera como madre. Si vais al Baptisterio de San Juan de Letrán, en la catedral del Papa, en el interior hay una inscripción latina que dice más o menos así: "Aquí nace un pueblo de estirpe divina, generado por el Espíritu Santo que fecunda estas aguas; la Madre Iglesia da a luz a sus hijos en estas olas". Esto nos hace comprender una cosa importante: nuestro formar parte de la Iglesia no es un hecho exterior y formal, no es rellenar un papel que nos dan, sino que es un acto interior y vital; no se pertenece a la Iglesia como se pertenece a una sociedad, a un partido o a cualquier otra organización. El vínculo es vital, como el que se tiene con la propia madre, porque, como afirma san Agustín, "la Iglesia es realmente madre de los cristianos" (*De moribus Ecclesiae*, i, 30, 62-63: pl 32, 1336).

¿Amamos a la Iglesia como se ama a la propia mamá, sabiendo incluso comprender sus defectos? Todas las madres tienen defectos, todos tenemos defectos, pero cuando se habla de los defectos de la mamá nosotros los tapamos, los queremos así. Y la Iglesia tiene también sus defectos: ¿la queremos así como a la mamá, le ayudamos a ser más bella, más auténtica, más parecida al Señor?

En los primeros siglos de la Iglesia era bien clara una realidad: la Iglesia, mientras es madre de los cristianos, mientras "hace" a los cristianos, está también "formada" por ellos. La Iglesia no es algo distinto a nosotros mismos, sino que se ha de mirar como la totalidad de los creyentes, como el "nosotros" de los cristianos: yo, tú, todos nosotros somos parte de la Iglesia.

Entonces, la maternidad de la Iglesia la vivimos todos, pastores y fieles. Y si tú dices que crees en Dios y no crees en la Iglesia, estás diciendo que no crees en ti mismo.

La Iglesia somos todos: desde el niño bautizado recientemente hasta los obispos, el Papa; todos somos Iglesia y todos somos iguales a los ojos de Dios. Todos estamos llamados a colaborar en el nacimiento a la fe de nuevos cristianos, todos estamos llamados a ser educadores en la fe, a anunciar el Evangelio.

Todos participamos de la maternidad de la Iglesia, a fin de que la luz de Cristo llegue a los extremos confines de la tierra. ¡Viva la santa madre Iglesia!

Pedimos a la Virgen, que es Madre, que nos dé la gracia de la alegría, de la alegría espiritual de caminar en esta historia de amor que es la Iglesia.

La Iglesia es un abrazo maternal

El acontecimiento de Pentecostés marca el nacimiento de la Iglesia y su manifestación pública, y nos impresionan dos rasgos: es una Iglesia que *sorprende* y *turba*.

Un elemento fundamental de Pentecostés es la *sorpresa*. La Iglesia que nace en Pentecostés es una comunidad que suscita estupor porque, con la fuerza que le viene de Dios, anuncia un mensaje nuevo —la Resurrección de Cristo— con un lenguaje nuevo —el lenguaje universal del amor. Alguno, en Jerusalén, hubiese preferido que los discípulos de Jesús, bloqueados por el miedo, se quedaran encerrados en casa para no crear *turbación*. Incluso hoy muchos quieren esto de los cristianos. El Señor resucitado, en cambio, los impulsa hacia el mundo: "Como el Padre me ha enviado, así también os envío yo" (*Jn* 20, 21). La Iglesia de Pentecostés es una Iglesia que no se resigna a ser inocua, demasiado "destilada". ¡No, no se resigna a esto! No quiere ser un elemento decorativo. Es una Iglesia que no duda en salir afuera, al encuentro de la gente, para anunciar el mensaje que se le ha confiado, incluso si ese mensaje molesta o inquieta las conciencias, incluso si ese mensaje trae, tal vez, problemas, y también, a veces, nos conduce al martirio. Ella nace una y universal, con una identidad precisa, pero abierta, una Iglesia que abraza al mundo, pero no lo captura; lo deja libre, pero lo abraza como la columnata de esta plaza: dos brazos que se abren para acoger, pero no se cierran para retener. Nosotros, los cristianos, somos libres, y la Iglesia nos quiere libres.

La Iglesia es una familia

El Cenáculo nos recuerda el nacimiento de la nueva familia, la Iglesia, nuestra santa madre Iglesia jerárquica, constituida por Jesús resucitado. Una familia que tiene una Madre, la Virgen María. Todas las familias cristianas pertenecen a esta gran familia, en ella encuentran luz y fuerza para caminar y renovarse, a través de las fatigas y las pruebas de la vida. A esta gran familia estamos invitados y llamados todos los fieles de Dios de cada pueblo e idioma, todos los hermanos e hijos del único Padre que está en los cielos.

9

MARÍA, PROTECTRIZ DE LA FAMILIA

La fuerza de una familia

En nuestra época el matrimonio y la familia están en crisis. Vivimos en una cultura de lo provisional, en la que cada vez más personas renuncian al matrimonio como compromiso público. Esta revolución en las costumbres y en la moral ha ondeado con frecuencia la "bandera de la libertad", pero en realidad ha traído devastación espiritual y material a innumerables seres humanos, especialmente a los más vulnerables. Es cada vez más evidente que la decadencia de la cultura del matrimonio está asociada a un aumento de pobreza y a una serie de otros numerosos problemas sociales que azotan de forma desproporcionada a las mujeres, los niños y los ancianos. Y son siempre ellos quienes sufren más en esta crisis.

Hay que insistir en los pilares fundamentales que rigen una nación: sus bienes inmateriales. La familia sigue siendo la base de la convivencia y la garantía contra la desintegración social. Los niños tienen el derecho de crecer en una familia, con un papá y una mamá, capaces de crear un ambiente idóneo para su desarrollo y su maduración afectiva. Por esa razón, en la exhortación apostólica *Evangelii gaudium* he puesto el acento en la aportación "indispensable" del matrimonio a la sociedad, aportación que "supera el nivel de la emotividad y el de las necesidades circunstanciales de la pareja" (n. 66).

No debemos caer en la trampa de ser calificados con conceptos ideológicos. La familia es una realidad antropológica, y, en consecuencia, una realidad social, de cultura, etc. No podemos calificarla con conceptos de naturaleza ideológica, que tienen fuerza sólo en un momento de la historia y después decaen. No se puede hablar hoy de *familia conservadora* o *familia progresista*: la familia es familia. No os dejéis calificar por este o por otros conceptos de naturaleza ideológica. La familia tiene una fuerza en sí misma.

En este contexto me complace confirmar que, si Dios quiere, en septiembre de 2015 iré a Filadelfia para el octavo Encuentro mundial de las familias.

La familia anuncia el Evangelio

La familia, célula básica de la sociedad y "primer centro de evangelización" (III Conferencia General del Episcopado Latinoamericano, *Documento de Puebla,* n. 617), es un medio privilegiado para que el tesoro de la fe pase de padres a hijos. Los momentos de diálogo frecuentes en el seno de las familias y la oración en común permiten a los niños experimentar la fe como parte integrante de la vida diaria.

La familia construye la sociedad

El Pueblo de Dios está compuesto en su mayor parte por familias. Es incalculable la fuerza, la carga de humanidad que hay en una familia: la ayuda mutua, la educación de los hijos, las relaciones que maduran a medida que crecen las personas, las alegrías y las dificultades compartidas... En efecto, las familias son el primer lugar en que nos formamos como personas y, al mismo tiempo, son los "adobes" para la construcción de la sociedad.

La linfa de la fraternidad

Hoy la cultura dominante es individualista, centrada en los derechos subjetivos. Es una cultura que corroe la sociedad a partir de su célula primaria que es la familia.

Muchas veces nos equivocamos, porque todos somos pecadores, pero se reconoce el hecho de haberse equivocado, se pide perdón y se ofrece el perdón. Y esto hace bien a la Iglesia: hace circular en el cuerpo de la Iglesia la savia de la fraternidad. Y hace bien también a toda la sociedad.

Pero esta fraternidad presupone la paternidad de Dios y la maternidad de la Iglesia y de la Madre, la Virgen María. Cada día tenemos que volver a ponernos en esta relación, y lo podemos hacer con la oración, la Eucaristía, la adoración, el Rosario. Así renovamos cada día nuestro "estar" con Cristo y en Cristo, y así nos introducimos en la relación auténtica con el Padre que está en el cielo y con la Madre Iglesia, nuestra santa madre Iglesia jerárquica, y la Madre María. Si nuestra vida se sitúa siempre de nuevo en estas relaciones fundamentales, entonces estamos en condiciones de vivir también una fraternidad auténtica, una fraternidad testimonial, que atrae.

Madurez afectiva

Es preciso reafirmar el derecho de los niños a crecer en una familia, con un padre y una madre capaces de crear un ambiente idóneo para su desarrollo y su madurez afectiva. Seguir madurando en relación, en confrontación, con lo que es la masculinidad y la feminidad de un padre y una madre, y así armando su madurez afectiva.

A veces para defender hay que escapar. A veces hay que quedarse y proteger. A veces hay que pelear. Pero siempre hay que tener ternura.

Hace falta coraje para formar una familia

¡Se necesita valor para formar una familia! ¡Se necesita valor! Y vuestra pregunta, jóvenes esposos, se une a *la de la vocación*. ¿Qué es el matrimonio? Es *una auténtica vocación*, como lo son el sacerdocio y la vida religiosa. Dos cristianos que se casan han reconocido en su historia de amor la llamada del Señor, la vocación a formar de dos, hombre y mujer, una sola carne, una sola vida. Y el Sacramento del matrimonio envuelve este amor con la gracia de Dios, lo enraíza en Dios mismo. Con este don, con la certeza de esta llamada, se puede partir seguros, no se tiene miedo de nada, se puede afrontar todo, ¡juntos!

El matrimonio no es una novela

El amor de Jesús, que ha bendecido y consagrado la unión de los esposos, es capaz de mantener su amor y de renovarlo cuando humanamente se pierde, se hiere, se agota. El amor de Cristo puede devolver a los esposos la alegría de caminar juntos; porque eso es el matrimonio: un camino en común de un hombre y una mujer, en el que el hombre tiene la misión de ayudar a su mujer a ser mejor mujer, y la mujer tiene la misión de ayudar a su marido a ser mejor hombre.

No es un camino llano, sin problemas, no, no sería humano. Es un viaje comprometido, a veces difícil, a veces complicado, pero así es la vida.

El matrimonio es símbolo de la vida, de la vida real, no es una "novela". Es sacramento del amor de Cristo y de la Iglesia, un amor que encuentra en la Cruz su prueba y su garantía.

10

SANTA MARÍA DEL CAMINO

La protección mariana

Encomendamos a la intercesión de María santísima los dramas y las esperanzas de muchos hermanos y hermanas nuestros, excluidos, débiles, rechazados, despreciados, también los que son perseguidos a causa de la fe, e invocamos su protección también sobre los trabajos del Sínodo de los obispos reunido en estos días en el Vaticano.

Caminar juntos

Podría decir serenamente que —con un espíritu de colegialidad y *sinodalidad*— hemos vivido de verdad una experiencia de "Sínodo", un itinerario solidario, un *"camino juntos"*.

Y he percibido que se puso delante de los propios ojos el bien de la Iglesia, de las familias y la *"suprema lex"*, la *"salus animarum"* (cfr. *Can.* 1752). Y esto siempre —lo hemos dicho aquí, en el aula— sin poner jamás en duda las verdades fundamentales del sacramento del matrimonio:

la indisolubilidad, la unidad, la fidelidad y la procreación, o sea la apertura a la vida (cfr. *Can.* 1055, 1056 y *Gaudium et spes,* n. 48).

Y ésta es la Iglesia, la viña del Señor, la Madre fértil y la Maestra atenta, que no tiene miedo de arremangarse para derramar el óleo y el vino sobre las heridas de los hombres (cfr. *Lc* 10, 25-37); que no mira a la humanidad desde un castillo de cristal para juzgar o clasificar a las personas. Ésta es la Iglesia una, santa, católica, apostólica y formada por pecadores, necesitados de su misericordia. Ésta es la Iglesia, la verdadera esposa de Cristo, que trata de ser fiel a su Esposo y a su doctrina. Es la Iglesia que no tiene miedo de comer y beber con las prostitutas y los publicanos (cfr. *Lc* 15). La Iglesia que tiene las puertas abiertas de par en par para recibir a los necesitados, a los arrepentidos y no sólo a los justos o a aquellos que creen ser perfectos. La Iglesia que no se avergüenza del hermano caído y no finge no verlo, es más, se siente implicada y casi obligada a levantarlo y animarlo a retomar el camino y lo acompaña hacia el encuentro definitivo, con su Esposo, en la Jerusalén celestial.

La variedad de los carismas

Ésta es la Iglesia, nuestra madre. Y cuando la Iglesia, en la variedad de sus carismas, se expresa en comunión, no puede equivocarse: es la belleza y la fuerza del *sensus fidei*, de ese sentido sobrenatural de la fe, dado por el Espíritu Santo a fin de que, juntos, podamos entrar todos en el corazón del

Evangelio y aprender a seguir a Jesús en nuestra vida, y esto no se debe ver como motivo de confusión y malestar.

Muchos cronistas, o gente que habla, imaginaron ver una Iglesia en disputa donde una parte está contra la otra, dudando incluso del Espíritu Santo, el auténtico promotor y garante de la unidad y la armonía en la Iglesia. El Espíritu Santo que a lo largo de la historia siempre condujo la barca, a través de sus ministros, incluso cuando el mar iba en sentido contrario y estaba agitado y los ministros eran infieles y pecadores.

Y, como me atreví a deciros al inicio, era necesario vivir todo esto con tranquilidad, con paz interior, también porque el Sínodo se desarrolla *cum Petro et sub Petro,* y la presencia del Papa es garantía para todos.

Como explicó con claridad el Papa Benedicto XVI, con palabras que cito textualmente: "La Iglesia está llamada y comprometida a ejercer este tipo de autoridad, que es servicio, y no la ejerce a título personal, sino en el nombre de Jesucristo... a través de los pastores de la Iglesia, en efecto, Cristo apacienta su rebaño: es Él quien lo guía, lo protege y lo corrige, porque lo ama profundamente. Pero el Señor Jesús, Pastor supremo de nuestras almas, ha querido que el Colegio apostólico, hoy los obispos, en comunión con el Sucesor de Pedro... participen en esta misión suya de hacerse cargo del pueblo de Dios, de ser educadores en la fe, orientando, animando y sosteniendo a la comunidad cristiana o, como dice el Concilio, 'procurando personalmente, o por medio de otros, que cada uno de los fieles sea conducido en el Espíritu Santo a cultivar su propia vocación según el Evangelio, a la caridad sincera y diligente y a la libertad con que Cristo nos liberó' (*Presbyterorum Ordinis*, 6)... a través de nosotros el Señor llega a las almas, las instruye, las custodia, las guía. San Agustín, en su Comentario al Evangelio de san Juan, dice: 'Apacentar el rebaño del Señor ha de ser compromiso de amor' (123, 5); ésta es la norma suprema de conducta de los ministros de Dios, un amor incondicional, como el del buen Pastor, lleno de alegría, abierto a todos, atento a los cercanos y solícito por los alejados (cfr. San Agustín, *Discurso* 340, 1; *Discurso* 46, 15), delicado con los más débiles, los pequeños, los sencillos, los pecadores, para manifestar la misericordia infinita de Dios con las tranquilizadoras palabras de la esperanza (cfr. *Id.*, *Carta* 95, 1)" (Benedicto XVI, *Audiencia general*, 26 de mayo de 2010).

Por lo tanto, la Iglesia es de Cristo —es su Esposa— y todos los obispos, en comunión con el Sucesor de Pedro, tienen la tarea y el deber de custodiarla y servirla, no como *señores* sino como *servidores*. El Papa, en este contexto, no es el *señor supremo* sino más bien el *supremo servidor,* el *"servus servorum Dei"*; el garante de la obediencia y la conformidad de la Iglesia a la voluntad de Dios, al Evangelio de Cristo y a la Tradición de la Iglesia, dejando de lado todo arbitrio personal, incluso siendo —por voluntad de Cristo mismo— el *"Pastor y doctor supremo de todos los fieles"* (cfr. *Can.* 749) y también gozando *"de la potestad ordinaria que es suprema, plena, inmediata e universal en la Iglesia"* (cfr. *Cann.* 331-334).

Que el Señor nos acompañe, nos guíe en este itinerario para gloria de Su nombre con la intercesión de la Bienaventurada Virgen María y de san José. Y por favor no os olvidéis de rezar por mí.

11

EL DON DE LA VIDA

La "cultura del descarte"

Creo que este momento es el tiempo más fuerte del reduccionismo antropológico. Al hombre le sucede lo que le pasa al vino cuando se convierte en grapa: pasa por un alambique organizativo. Ya no es vino, es otra cosa: más útil tal vez, más cualificado, pero no es vino. Para el hombre es lo mismo: el hombre pasa por este alambique y acaba —y esto lo digo en serio— por perder la humanidad y convertirse en un instrumento del sistema, sistema social, económico, sistema donde dominan los desequilibrios. Cuando el hombre pierde su humanidad, ¿qué nos espera? Sucede lo que a mí se me ocurre decir con un lenguaje común: una política, una sociología, una actitud "del descarte": se descarta lo que no sirve, porque el hombre no está en el centro. Y cuando el hombre no está en el centro, hay otra cosa en el centro y el hombre está al servicio de esta otra cosa. La idea es, por lo tanto, salvar al hombre, en el sentido de que vuelva al centro: al centro de la sociedad, al centro de los pensamientos, al centro de la reflexión. Conducir al hombre, nuevamente, al centro.

Custodiar la vida

Todo derecho civil se basa en el reconocimiento del primer y fundamental derecho, el de la vida, que no está subordinado a alguna condición, ni cualitativa ni económica, ni mucho menos ideológica. "Así como el mandamiento de 'no matar' pone un límite claro para asegurar el valor de la vida humana, hoy tenemos que decir 'no a una economía de la exclusión y la inequidad'. Esa economía mata... Se considera al ser humano en sí mismo como un bien de consumo, que se puede usar y luego tirar. Hemos dado inicio a la cultura del 'descarte' que, además, se promueve" (Exhort. ap., *Evangelii gaudium*, 53). Y así se descarta también la vida.

Uno de los riesgos más graves a los que se expone nuestra época es el divorcio entre economía y moral, entre las posibilidades que ofrece un mercado provisto de toda novedad tecnológica y las normas éticas elementales de la naturaleza humana, cada vez más descuidada. Es necesario, por lo tanto, ratificar una firme oposición a todo atentado directo contra la vida, especialmente inocente e indefensa, y el *nasciturus* en el seno materno es el inocente por antonomasia. Recordemos las palabras del Concilio Vaticano II: "la vida desde su concepción ha de ser salvaguardada con el máximo cuidado; el aborto y el infanticidio son crímenes abominables" (*Gaudium et spes*, 51). Recuerdo una vez, hace mucho tiempo, que tenía una conferencia con los médicos. Después de la conferencia saludé a los médicos —esto sucedió hace mucho tiempo—. Saludaba a los médicos, hablaba con ellos, y uno me llamó aparte. Tenía un paquete y me dijo: "Padre, quiero dejarle esto a usted. Éstos son los instrumentos que he utilizado para practicar abortos. He encontrado al Señor, me he arrepentido, y ahora lucho por la vida". Me entregó todos esos instrumentos. ¡Orad por este buen hombre!

A quien es cristiano le corresponde siempre este testimonio evangélico: proteger la vida con valor y amor en todas sus fases. Os animo a hacerlo siempre con el estilo de la cercanía, de la proximidad: que cada mujer se sienta considerada como persona, escuchada, acogida, acompañada.

La vida es sagrada

La atención a la vida humana, especialmente la que cuenta con mayores dificultades, es decir, la del enfermo, el anciano, el niño, implica profundamente la misión de la Iglesia. Ella se siente llamada también a participar en el debate que tiene por objeto la vida humana, presentando la propia propuesta fundada en el Evangelio. Desde muchos aspectos, la calidad de la vida está vinculada preferentemente a las posibilidades económicas, al "bienestar", a la belleza y al deleite de la vida física, olvidando otras dimensiones más profundas —relacionales, espirituales y religiosas— de la existencia. En realidad, a la luz de la fe y de la recta razón, la vida humana es siempre sagrada y siempre "de calidad". No existe una vida humana más sagrada que otra: toda vida humana es sagrada. Como tampoco existe una vida humana cualitativamente más significativa que otra, sólo en virtud de mayores medios, derechos y oportunidades económicas y sociales.

El pensamiento dominante propone a veces una "falsa compasión": la que considera una ayuda para la mujer al favorecer el aborto, un acto de dignidad facilitar la eutanasia, una conquista científica "producir" un hijo considerado como un derecho, en lugar de acogerlo como don, o usar vidas humanas como conejillos de laboratorio para salvar posiblemente otras. La compasión evangélica, en cambio, es la que acompaña en el momento de la necesidad, es decir, la del buen samaritano, que "ve", "tiene compasión", se acerca y ofrece ayuda concreta (cfr. *Lc* 10, 33).

Estamos viviendo en una época de experimentación con la vida. Pero un experimentar mal. *Tener* hijos, en lugar de acogerlos como don, como he dicho. Jugar con la vida. Estad atentos, porque esto es un pecado contra el Creador: contra Dios Creador, que creó de este modo las cosas. Cuando muchas veces en mi vida de sacerdote escuché objeciones: "Pero, dime, ¿por qué la Iglesia se opone al aborto, por ejemplo? ¿Es un problema religioso?" —"No, no. No es un problema religioso". —"¿Es un problema filosófico?" —"No, no es un problema filosófico". Es un problema científico, porque allí hay una vida humana y no es lícito eliminar una vida humana para resolver un problema. "Pero no, el pensamiento moderno..." —"Pero, oye, en el pensamiento antiguo y en el pensamiento moderno, la palabra *matar* significa lo mismo". Lo mismo vale para la eutanasia: todos sabemos que con muchos ancianos, en esta cultura del descarte, se realiza esta eutanasia oculta. Pero también está la otra. Y esto es decir a Dios: "No, el final de la vida lo decido yo, como yo quiero". Pecado contra Dios Creador. Pensad bien en esto.

12

MARÍA EN LA IGLESIA

Un modelo para el pueblo de Dios

Desearía mirar a María como imagen y modelo de la Iglesia. Lo hago retomando una expresión del Concilio Vaticano II. Dice la constitución *Lumen gentium*: "La madre de Dios es figura de la Iglesia, como ya enseñaba san Ambrosio: en el orden de la fe, del amor y de la unión perfecta con Cristo" (n. 63).

La fe de María es el cumplimiento de la fe de Israel, en ella está precisamente concentrado todo el camino, toda la vía de aquel pueblo que esperaba la redención, y en este sentido es el modelo de la fe de la Iglesia, que tiene como centro a Cristo, encarnación del amor infinito de Dios.

Fijándose en ella, la Iglesia ha sido Madre en el curso de los siglos. Se ha hecho humilde y misericordiosa. Ha ejercido, incansable, la caridad. Siempre solícita para llevar a Jesús entre la gente.

¿Qué le llevaba María? Jesús. La Iglesia lleva a Jesús: esto es el centro de la Iglesia, ¡llevar a Jesús! Si por hipótesis una vez sucediera que la Iglesia no lleva a Jesús, ésa sería una Iglesia muerta. La Iglesia debe llevar la caridad de Jesús, el amor de Jesús, la caridad de Jesús.

La vida de la Virgen Santa fue la vida de una mujer de su pueblo: María oraba, trabajaba, iba a la sinagoga... Pero cada acción se cumplía siempre en unión perfecta con Jesús. Esta unión alcanza su culmen en el Calvario: aquí María se une al Hijo en el martirio del corazón y en el ofrecimiento de la vida al Padre para la salvación de la humanidad. La Virgen hizo propio el dolor del Hijo y aceptó con Él la voluntad del Padre, en aquella obediencia que da fruto, que da la verdadera victoria sobre el mal y sobre la muerte.

La Madre de todos

María es Madre de otros hijos, de muchos hijos. Es Madre que nos da la fe, Madre que nos da una identidad. ¡Nuestra identidad cristiana es pertenencia! Somos cristianos porque pertenecemos a la Iglesia. Es como un apellido: si el nombre es "soy cristiano", el apellido es "pertenezco a la Iglesia". Esto es la Iglesia: una gran familia, en la cual somos acogidos y aprendemos a vivir como creyentes y discípulos de Jesús nuestro Señor. Este camino lo vivimos no en soledad, sino junto a otras personas. En la Iglesia no existe el "hágalo usted mismo", no existen los "agentes libres". ¡Cuántas veces el Papa Benedicto describió a la Iglesia como un "nosotros" eclesial! A veces se oye a alguien decir: "Yo creo en Dios, creo en Jesús, pero la Iglesia no me interesa..."

¿Cuántas veces hemos oído esto? Y eso no funciona. Hay quien piense poder tener una relación personal, directa, inmediata con Jesús Cristo fuera de la comunión y de la mediación de la Iglesia. Son tentaciones peligrosas y dañinas. Son, como decía el Papa Pablo VI, dicotomías absurdas.

Es verdad que caminar juntos es desafiante, y a veces puede ser difícil: puede pasar que un hermano o una hermana nos den problemas, o hagan escándalo... Pero el Señor ha entregado su mensaje de salvación a personas humanas, a todos nosotros, a testigos: y es en nuestros hermanos y hermanas, con sus virtudes y sus limitaciones, que nos acerca y se hace reconocer. Y eso significa pertenecer a la Iglesia. Recordemos bien: ser cristiano es pertenecer a la Iglesia. El nombre es "cristiano", el apellido es "pertenecer a la Iglesia". Queridos amigos, pedimos al Señor, por medio de la Virgen María, Madre de la Iglesia, la gracia de no caer en la tentación de pensar que podemos prescindir de los demás, prescindir de la Iglesia, de poder salvarnos solos, de ser cristianos de laboratorio.

María es la "casa de Dios"

Cada vez que celebramos la dedicación de una iglesia se nos recuerda una verdad esencial: el templo material hecho de ladrillos es un signo de la Iglesia viva y operante en la historia, esto es, de ese "templo espiritual", como dice el apóstol Pedro, del cual Cristo mismo es "piedra viva rechazada por los hombres, pero elegida y preciosa para Dios" (1 *P* 2, 4-8).

El templo de Dios no es solamente el edificio hecho con ladrillos, sino que es su Cuerpo, hecho de piedras vivas. En virtud del Bautismo, cada cristiano forma parte del "edificio de Dios" (1 *Cor* 3, 9), es más, se convierte en la Iglesia de Dios. El edificio espiritual, la Iglesia comunidad de los hombres santificados por la sangre de Cristo y por el Espíritu del Señor resucitado, pide a cada uno de nosotros ser coherentes con el don de la fe y realizar un camino de testimonio cristiano. Y no es fácil, lo sabemos todos, la coherencia en la vida, entre la fe y el testimonio; pero nosotros debemos seguir adelante y buscar cada día en nuestra vida esta coherencia. "¡Esto es un cristiano!", no tanto por lo que dice, sino por lo que hace, por el modo en que se comporta. Esta coherencia que nos da vida es una gracia del Espíritu Santo que debemos pedir. La Iglesia, en el origen de su vida y de su misión en el mundo, no ha sido más que una comunidad constituida para confesar la fe en Jesucristo Hijo de Dios y Redentor del hombre, una fe que obra por medio de la caridad. ¡Van juntas! También hoy la Iglesia está llamada a ser en el mundo la comunidad que, arraigada en Cristo por medio del bautismo, profesa con humildad y valentía la fe en Él, testimoniándola en la caridad.

Invoquemos la intercesión de María santísima, a fin de que nos ayude a llegar a ser, como ella, "casa de Dios", templo vivo de su amor.

13

LA MUJER DE LA ESPERANZA

La esperanza no defrauda

Lo importante es no estar inerte. Todos sabemos que cuando el agua se estanca se pudre. Hay un dicho en español que dice: "El agua estancada es la primera en corromperse". No permanecer estancados. Debemos caminar, dar un paso cada día, con la ayuda del Señor. Dios es Padre, es misericordia, nos ama siempre. Si nosotros lo buscamos, Él nos acoge y nos perdona. Como dije, no se cansa de perdonar.

Y con este amor fiel que nos acompaña, la esperanza no defrauda. Con este amor la esperanza no defrauda jamás: un amor fiel para ir adelante con el Señor.

Una fuente de consolación

Tan profundo fue su dolor, tanto que traspasó su alma, así su alegría fue íntima y profunda, y de ella se podían nutrir los discípulos. Tras pasar por la experiencia de la muerte y resurrección de su Hijo, contempladas, en la fe, como la expresión suprema del amor de Dios, el corazón de María se convirtió en una fuente de paz, de consuelo, de esperanza y de misericordia. Todas las prerrogativas de nuestra Madre derivan de aquí, de su participación en la Pascua de Jesús. Desde el viernes al domingo por la mañana, Ella no perdió la esperanza: la hemos contemplado Madre dolorosa, pero, al mismo tiempo, Madre llena de esperanza. Ella, la Madre de todos los discípulos, la Madre de la Iglesia, es Madre de esperanza.

Apertura confiada al futuro

Contemplamos a aquella que conoció y amó a Jesús como ninguna otra criatura. El Evangelio que hemos escuchado muestra la actitud fundamental con la que María expresó su amor a Jesús: hacer la voluntad de Dios. "El que haga la voluntad de mi Padre que está en los cielos, ése es mi hermano y mi hermana y mi madre" (*Mt* 12, 50). Con estas palabras Jesús deja un mensaje importante: la voluntad de Dios es la ley suprema que establece la verdadera pertenencia a Él. Por ello María instaura un vínculo de parentesco con Jesús antes aun de darle a luz: se convierte en discípula y madre de su Hijo en el momento en que acoge las palabras del Ángel y dice: "He aquí la esclava del Señor, hágase en mí según tu palabra" (*Lc* 1, 38). Este "hágase" no es sólo aceptación, sino también apertura confiada al futuro. ¡Este "hágase" es esperanza!

María es la madre de la esperanza, la imagen más expresiva de la esperanza cristiana. Toda su vida es un conjunto de actitudes de esperanza, comenzando por el "sí" en el momento de la anunciación. María no sabía cómo podría llegar a ser madre, pero se confió totalmente al misterio que estaba por realizarse, y llegó a ser la mujer de la espera y de la esperanza. Luego la vemos en Belén, donde nace en la pobreza Aquel que le fue anunciado como el Salvador de Israel y como el Mesías. A continuación, mientras se encuentra en Jerusalén para presentarlo en el templo, con la alegría de los ancianos Simeón y Ana, tiene lugar también la promesa de una espada que le atravesaría el corazón y la profecía de un signo de contradicción. Ella se da cuenta de que la misión y la identidad misma de ese Hijo superan su ser madre. Llegamos luego al episodio de Jesús que se pierde en Jerusalén y le buscan: "Hijo, ¿por qué nos has tratado así?" (*Lc* 2, 48), y la respuesta de Jesús que se aparta de las preocupaciones maternas y se vuelve a las cosas del Padre celestial.

Sin embargo, ante todas estas dificultades y sorpresas del proyecto de Dios, la esperanza de la Virgen no vacila nunca. Mujer de esperanza. Esto nos dice que la esperanza se alimenta de escucha, contemplación y paciencia, para que maduren los tiempos del Señor. También en las bodas de Caná, María es la madre de la esperanza, que la hace atenta y solícita por las cosas humanas. Con el inicio de la vida pública, Jesús se convierte en el Maestro y el Mesías: la Virgen contempla la misión del Hijo con júbilo pero también con inquietud, porque Jesús se convierte cada vez más en ese signo de contradicción que el anciano Simeón ya le había anunciado. A los pies de la cruz, es mujer del dolor y, al mismo tiempo, de la espera vigilante de un misterio, más grande que el dolor, que está por realizarse. Todo parece verdaderamente acabado; toda esperanza podría decirse apagada. También ella, en ese momento, recordando las promesas de la anunciación habría podido decir: no se cumplieron, he sido engañada. Pero no lo dijo. Sin embargo ella, bienaventurada porque ha creído, por su fe ve nacer el futuro nuevo y espera con esperanza el mañana de Dios.

¡Debemos mucho a esta Madre! En ella, presente en cada momento de la historia de la salvación, vemos un testimonio sólido de esperanza. Ella, madre de esperanza, nos sostiene en los momentos de oscuridad, de dificultad, de desaliento, de aparente fracaso o de auténticas derrotas humanas. Que María, esperanza nuestra, nos ayude a hacer de nuestra vida una ofrenda agradable al Padre celestial, y un don gozoso para nuestros hermanos, una actitud que mira siempre al mañana.

La nueva Jerusalén

Al final, ¿qué será del pueblo de Dios? ¿Qué será de cada uno de nosotros? ¿Qué debemos esperar? El apóstol Pablo animaba a los cristianos de la comunidad de Tesalónica, que se planteaban estas mismas preguntas, y después de su argumentación decían estas palabras que están entre las más hermosas del Nuevo Testamento: "Y así estaremos siempre con el Señor" (1 Ts 4, 17). Son palabras sencillas, ¡pero con una densidad de esperanza tan grande! "Y así estaremos siempre con el Señor". ¿Creéis vosotros esto?...

Me parece que no. ¿Creéis? ¿Lo repetimos juntos? ¿Tres veces?: "Y así estaremos siempre con el Señor". "Y así estaremos siempre con el Señor." "Y así estaremos siempre con el Señor." Es emblemático cómo en el libro del Apocalipsis Juan, retomando la intuición de los profetas, describe la dimensión última, definitiva, en los términos de la "nueva Jerusalén que descendía del cielo, de parte de Dios, preparada como una esposa que se ha adornado para su esposo" (*Ap* 21, 2). He aquí lo que nos espera. He aquí, entonces, quién es la Iglesia: es el pueblo de Dios que sigue al Señor Jesús y que se prepara día tras día para el encuentro con Él, como una esposa con su esposo. Y no es sólo un modo de decir: será una auténtica boda. Sí, porque Cristo, haciéndose hombre como nosotros y haciendo de todos nosotros una sola cosa con Él, con su muerte y su resurrección, verdaderamente se ha casado con nosotros y ha hecho de nosotros como pueblo su esposa. Y esto no es otra cosa más que la realización del designio de comunión y de amor tejido por Dios en el curso de toda la historia, la historia del pueblo de Dios y también la historia de cada uno de nosotros. Es el Señor quien lleva adelante esto.

Hay otro elemento, sin embargo, que nos anima ulteriormente y nos abre el corazón: Juan nos dice que en la Iglesia, esposa de Cristo, se hace visible la "nueva Jerusalén". Esto significa que la Iglesia, además de esposa, está llamada a convertirse en ciudad, símbolo por excelencia de la convivencia y la relación humana. ¡Qué hermoso es, entonces, ya poder contemplar, según otra imagen también sugestiva del Apocalipsis, a todas las gentes y a todos los pueblos reunidos juntos en esta ciudad, como en una tienda, "¡la tienda de Dios!" (cfr. *Ap* 21, 3). Y en este marco glorioso ya no habrá aislamientos, prevaricaciones y distinciones de algún tipo —de naturaleza social, étnica o religiosa—, sino que seremos todos una sola cosa en Cristo.

En presencia de este escenario inaudito y maravilloso, nuestro corazón no puede dejar de sentirse confirmado con fuerza en la esperanza. Mirad, la esperanza cristiana no es sencillamente un deseo, un auspicio, no es optimismo: para un cristiano, la esperanza es espera, espera ferviente, apasionada de la realización última y definitiva de un misterio, el misterio del amor de Dios, en quien hemos renacido y en quien ya vivimos. Y es espera de alguien que está por llegar: es el Cristo Señor que se hace cada vez más cercano a nosotros, día tras día, y que viene a introducirnos finalmente en la plenitud de su comunión y de su paz. La Iglesia, entonces, tiene la tarea de mantener encendida y bien visible la lámpara de la esperanza, para que pueda seguir resplandeciendo como signo seguro de salvación e iluminando a toda la humanidad el sendero que conduce al encuentro con el rostro misericordioso de Dios.

He aquí, entonces, lo que esperamos: ¡que Jesús regrese! La Iglesia esposa espera a su esposo. Debemos, pues, preguntarnos con mucha sinceridad: ¿somos de verdad testigos luminosos y creíbles de esta espera, de esta esperanza? ¿Viven aún nuestras comunidades en el signo de la presencia del Señor Jesús y en la cálida espera de su venida, o bien se presentan cansadas, adormecidas, bajo el peso del agotamiento y de la resignación? ¿Corremos también nosotros el riesgo de agotar el aceite de la fe y el aceite de la alegría? ¡Estemos atentos!

Invoquemos a la Virgen María, madre de la esperanza y reina del cielo, para que nos mantenga siempre en una actitud de escucha y de espera, para poder ser ya ahora permeados por el amor de Cristo y participar un día en la alegría sin fin, en la plena comunión de Dios. No lo olvidéis, jamás olvidarlo: "Y así estaremos siempre con el Señor" (1 *Ts* 4, 17).

14

EL ROSTRO DE LA TERNURA

El estilo mariano de la evangelización

En la exhortación apostólica *Evangelii gaudium* yo también encomendé el camino de la Iglesia a la intercesión maternal y solícita de María, recordando a todos los creyentes que "hay un estilo mariano en la actividad evangelizadora de la Iglesia. Porque cada vez que miramos a María volvemos a creer en lo revolucionario de la ternura y del cariño. En ella vemos que la humildad y la ternura no son virtudes de los débiles sino de los fuertes, que no necesitan maltratar a otros para sentirse importantes... Esta dinámica de justicia y ternura, de contemplar y caminar hacia los demás, es lo que hace de ella un modelo eclesial para la evangelización" (n. 288).

El arte de custodiar

El preocuparse, el custodiar, requiere bondad, pide ser vivido con ternura. En los Evangelios, san José aparece como un hombre fuerte y valiente, trabajador, pero en su alma se percibe una gran ternura, que no es la virtud de los débiles, sino más bien todo lo contrario: denota fortaleza de ánimo y capacidad de atención, de compasión, de verdadera apertura al otro, de amor. No debemos tener miedo de la bondad, de la ternura.

Hoy, junto a la fiesta de san José, celebramos el inicio del ministerio del nuevo Obispo de Roma, Sucesor de Pedro.

Custodiar la creación, cada hombre y cada mujer, con una mirada de ternura y de amor, es abrir un resquicio de luz en medio de tantas nubes, es llevar el calor de la esperanza.

Custodiar a Jesús con María, custodiar toda la creación, custodiar a todos, especialmente a los más pobres, custodiarnos a nosotros mismos; he aquí un servicio que el Obispo de Roma está llamado a desempeñar, pero al que todos estamos llamados, para hacer brillar la estrella de la esperanza: protejamos con amor lo que Dios nos ha dado.

Imploro la intercesión de la Virgen María, de san José, de los Apóstoles san Pedro y san Pablo, de san Francisco, para que el Espíritu Santo acompañe mi ministerio, y a todos vosotros os digo: Rezad por mí.

15

CONSOLADORA DE LOS AFLIGIDOS

La humildad del Cristo

Viniendo al Jordán, para ser bautizado por Juan, se mostró humilde, compartiendo la condición humana: se rebajó haciéndose igual a nosotros y con su amor nos restituyó la dignidad y nos dio la salvación. Nos sorprende siempre esta humildad de Jesús, cómo se postra ante las heridas humanas para curarlas. ¡Este postrarse de Jesús ante todas las heridas humanas para curarlas! Y, por nuestra parte, nos sentimos profundamente afectados por los dramas y las heridas de nuestro tiempo, especialmente por las que son fruto de los conflictos todavía abiertos en Oriente Medio. Pienso, en primer lugar, en la amada Siria, lacerada por una lucha fratricida que dura ya tres años y que ha cosechado innumerables víctimas, obligando a millones de personas a convertirse en refugiados y a exilarse en otros países. Todos queremos la paz. Pero, viendo este drama de la guerra, viendo estas heridas, viendo tanta gente que ha dejado su patria, que se ha visto obligada a marcharse, me pregunto: ¿quién vende armas a esta gente para hacer la guerra? He aquí la raíz del mal. El odio y la codicia del dinero en la fabricación y en la venta de las armas. Esto nos debe hacer pensar en quién está detrás, el que da a todos aquellos que se encuentran en conflicto las armas para continuar el conflicto. Pensemos, y desde nuestro corazón digamos también una palabra para esta pobre gente criminal, para que se convierta.

Dios se manifiesta a los pequeños

Aquí, queridos hermanos y hermanas, quiero leeros algo personal, una de las más bellas cartas que he recibido, un don de amor de Jesús. Me la escribió Nicolás, un muchacho de 16 años, discapacitado de nacimiento, que vive en Buenos Aires. Os la leo: "Querido Francisco: soy Nicolás y tengo 16 años; como yo no puedo escribirte (porque aún no hablo, ni camino), pedí a mis padres que lo hicieran en mi lugar, porque ellos son las personas que más me conocen. Te quiero contar que cuando tenía 6 años, en mi colegio que se llama Aedin, el padre Pablo me dio la primera Comunión y este año, en noviembre, recibiré la Confirmación, una cosa que me da mucha alegría. Todas las noches, desde que tú me lo has pedido, pido a mi ángel de la guarda, que se llama Eusebio y que tiene mucha paciencia, que te proteja y te ayude. Puedes estar seguro de que lo hace muy bien porque me cuida y me acompaña todos los días. ¡Ah! Y cuando no tengo sueño... viene a jugar conmigo. Me gustaría mucho ir a verte y recibir tu bendición y un beso: sólo esto. Te mando muchos saludos y sigo pidiendo a Eusebio que te cuide y te dé fuerza. Besos. Nico".

En esta carta, en el corazón de este muchacho está la belleza, el amor, la poesía de Dios. Dios que se revela a quien tiene corazón sencillo, a los pequeños, a los humildes, a quien nosotros a menudo consideramos últimos, incluso a vosotros, queridos amigos: este muchacho cuando no logra dormir juega con su ángel de la guarda; es Dios que baja a jugar con él.

La sociedad desafortunadamente está contaminada por la cultura del "descarte", que es opuesta a la cultura de la acogida. Y las víctimas de la cultura del descarte son justo las personas más débiles, más frágiles. ¡Tenemos que poner a las personas más desfavorecidas al centro de la atención social y política!

Cerca de los enfermos

La participación fraterna con los enfermos nos abre a la auténtica belleza de la vida humana...

La investigación científica ha multiplicado las posibilidades de prevención y tratamiento, ha descubierto terapias para el tratamiento de las más diversas patologías.

Pero para que se pueda hablar de salud plena es necesario no perder de vista que la persona humana, creada a imagen y semejanza de Dios, es unidad de cuerpo y espíritu. Los griegos eran más precisos: cuerpo, alma y espíritu. Es esa unidad. Estos dos elementos se pueden distinguir pero no separar, porque la persona es una. Por lo tanto, también la enfermedad, la experiencia del dolor y del sufrimiento no conciernen sólo a la dimensión corpórea, sino al hombre en su totalidad.

Por ello es indispensable que los agentes sanitarios se guíen "por una visión integralmente humana de la enfermedad y, por lo mismo, han de saber entablar una relación plenamente humana con el hombre enfermo y que sufre" (Juan Pablo II, *Dolentium hominum*, 11 de febrero de 1985).

La noche del dolor

Queridos enfermos, la Iglesia reconoce en vosotros una presencia especial de Cristo que sufre. En efecto, junto, o mejor aún, dentro de nuestro sufrimiento está el de Jesús, que lleva a nuestro lado el peso y revela su sentido. Cuando el Hijo de Dios fue crucificado destruyó la soledad del sufrimiento e iluminó su oscuridad. De este modo, estamos frente al misterio del amor de Dios por nosotros, que nos infunde esperanza y valor: esperanza, porque en el plan de amor de Dios también la noche del dolor se abre a la luz pascual, y valor, para hacer frente a toda adversidad en su compañía, unidos a él.

El Hijo de Dios hecho hombre no ha eliminado de la experiencia humana la enfermedad y el sufrimiento sino que, tomándolos sobre sí, los ha transformado y delimitado. Delimitado, porque ya no tienen la última palabra que, por el contrario, es la vida nueva en plenitud; transformado, porque en unión con Cristo las experiencias negativas pueden llegar a ser positivas. Jesús es el camino, y con su Espíritu podemos seguirle. Como el Padre ha entregado al Hijo por amor, y el Hijo se entregó por el mismo amor, también nosotros podemos amar a los demás como Dios nos ha amado, dando la vida por nuestros hermanos. Cuando nos acercamos con ternura a los que necesitan atención llevamos la esperanza y la sonrisa de Dios en medio de las contradicciones del mundo. Para crecer en la ternura, en la caridad respetuosa y delicada, nosotros tenemos un modelo cristiano al cual dirigir con seguridad nuestra mirada. Es la Madre de Jesús y Madre nuestra, atenta a la voz de Dios y a las necesidades y dificultades de sus hijos. María, animada por la divina misericordia, que en ella se hace carne, se olvida de sí misma y se encamina rápidamente de Galilea a Judá para encontrar y ayudar a su prima Isabel; intercede ante su Hijo en las bodas de Caná cuando ve que falta el vino para la fiesta; a lo largo de su vida, lleva en su corazón las palabras del anciano Simeón anunciando que una espada atravesará su alma, y permanece con fortaleza a los pies de la cruz de Jesús. Ella sabe muy bien cómo se sigue este camino y por eso es la Madre de todos los enfermos y de todos los que sufren. Podemos recurrir confiados a ella con filial devoción, seguros de que nos asistirá, nos sostendrá y no nos abandonará. Es la Madre del crucificado resucitado: permanece al lado de nuestras cruces y nos acompaña en el camino hacia la resurrección y la vida plena.

16

LA LLENA DE GRACIA

Bendita entre todas las mujeres

Vuelven hoy a la mente las palabras con las que Isabel pronunció su *bendición sobre la Virgen Santa*: "¡Bendita tú entre las mujeres, y bendito el fruto de tu vientre! ¿Quién soy yo para que me visite la madre de mi Señor?" (*Lc* 1, 42-43).

Esta bendición está *en continuidad con la bendición sacerdotal* que Dios había sugerido a Moisés para que la transmitiese a Aarón y a todo el pueblo: "El Señor te bendiga y te proteja, ilumine su rostro sobre ti y te conceda su favor. El Señor te muestre su rostro y te conceda la paz" (*Nm* 6, 24-26). Con la celebración de la solemnidad de María, la Santa Madre de Dios, la Iglesia nos recuerda que María es la primera destinataria de esta bendición. Se cumple en ella, pues ninguna otra criatura ha visto brillar sobre ella el rostro de Dios como María, que dio un rostro humano al Verbo eterno, para que todos lo puedan contemplar.

Además de contemplar el rostro de Dios, también podemos alabarlo y glorificarlo como los pastores, que volvieron de Belén con un canto de acción de gracias después de ver al niño y a su joven madre (cfr. *Lc* 2, 16). Ambos estaban juntos, como lo estuvieron en el Calvario, porque *Cristo y su Madre son inseparables*: entre ellos hay una estrecha relación, como la hay entre cada niño y su madre. La carne de Cristo, que es el eje de la salvación (Tertuliano), se ha tejido en el vientre de María (cfr. *Sal* 139, 13). Esa inseparabilidad encuentra también su expresión en el hecho de que María, elegida para ser la Madre del Redentor, ha compartido íntimamente toda su misión, permaneciendo junto a su hijo hasta el final, en el Calvario.

María está tan unida a Jesús porque él le ha dado el conocimiento del corazón, el conocimiento de la fe, alimentada por la experiencia materna y el vínculo íntimo con su Hijo. La Santísima Virgen es la mujer de fe que dejó entrar a Dios en su corazón, en sus proyectos; es la creyente capaz de percibir en el don del Hijo el advenimiento de la "plenitud de los tiempos" (*Ga* 4, 4), en el que Dios, eligiendo la vía humilde de la existencia humana, entró personalmente en el surco de la historia de la salvación. Por eso no se puede entender a Jesús sin su Madre.

Cristo y la Iglesia son igualmente inseparables, porque la Iglesia y María están siempre unidas y éste es precisamente el misterio de la mujer en la comunidad eclesial, y no se puede entender la salvación realizada por Jesús sin considerar la maternidad de la Iglesia. Separar a Jesús de la Iglesia sería introducir una "*dicotomía absurda*", como escribió el beato Pablo VI (cfr. Exhort. ap. N. *Evangelii nuntiandi*, 16). No se puede "amar a Cristo pero sin la Iglesia, escuchar a Cristo pero no a la Iglesia, estar en Cristo pero al margen de la Iglesia" (*ibid.*). En efecto, la Iglesia, la gran familia de Dios, es la que nos lleva a Cristo. Nuestra fe no es una idea abstracta o una filosofía, sino la relación vital y plena con una persona: Jesucristo, el Hijo único de Dios que se hizo hombre, murió y resucitó para salvarnos y vive entre nosotros. ¿Dónde lo podemos encontrar? Lo encontramos en la Iglesia, en nuestra santa madre Iglesia jerárquica. Es la Iglesia la que dice hoy: "Éste es el Cordero de Dios"; es la Iglesia quien lo anuncia; es en la Iglesia donde Jesús sigue haciendo sus gestos de gracia que son los sacramentos.

Esta acción y la misión de la Iglesia expresa su *maternidad*. Ella es como una madre que custodia a Jesús con ternura y lo da a todos con alegría y generosidad. Ninguna manifestación de Cristo, ni siquiera la más mística, puede separarse de la carne y la sangre de la Iglesia, de la concreción histórica del Cuerpo de Cristo. Sin la Iglesia, Jesucristo queda reducido a una idea, una moral, un sentimiento. Sin la Iglesia, nuestra relación con Cristo estaría a merced de nuestra imaginación, de nuestras interpretaciones, de nuestro estado de ánimo.

Queridos hermanos y hermanas: *Jesucristo es la bendición* para todo hombre y para toda la humanidad. La Iglesia, al darnos a Jesús, nos da la plenitud de la bendición del Señor. Ésta es precisamente la misión del Pueblo de Dios: irradiar sobre todos los pueblos la bendición de Dios encarnada en Jesucristo. Y María, la primera y perfecta discípula de Jesús, la primera y perfecta creyente, modelo de la Iglesia en camino, es la que abre esta vía de la *maternidad de la Iglesia* y sostiene siempre su misión materna dirigida a todos los hombres. Su testimonio materno y discreto camina con la Iglesia desde el principio. Ella, la Madre de Dios, es también Madre de la Iglesia y, a través de la Iglesia, es Madre de todos los hombres y de todos los pueblos.

Que esta madre dulce y atenta nos consiga la bendición del Señor para toda la familia humana. De manera especial hoy, Jornada Mundial de la Paz, invocamos su intercesión para que el Señor *nos dé la paz en nuestros días*: paz en nuestros corazones, paz en las familias, paz entre las naciones. Este año, en concreto, el mensaje para la Jornada Mundial de la Paz lleva por título: "*No más esclavos, sino hermanos*". Todos estamos llamados a ser libres, todos a ser hijos y, cada uno de acuerdo con su responsabilidad, a luchar contra las formas modernas de esclavitud. Desde todo pueblo, cultura y religión, unamos nuestras fuerzas. Que nos guíe y sostenga Aquel que para hacernos a todos hermanos se hizo nuestro servidor.

Miremos a María, contemplemos a la Santa Madre de Dios. Os propongo que juntos la saludemos como hizo aquel pueblo valiente de Éfeso, que gritaba cuando sus pastores entraban a la Iglesia: "¡Santa Madre de Dios!" Qué bonito saludo para nuestra Madre... Hay una historia que dice, no sé si es verdadera, que algunos de ellos llevaban bastones en sus manos, tal vez para dar a entender a los obispos lo que les podría pasar si no tenían el valor de proclamar a María como "Madre de Dios". Os invito a todos, sin bastones, a poneros en pie y saludarla tres veces con este saludo de la primitiva Iglesia: "¡Santa Madre de Dios!"

María deja que Dios haga

El mensaje de la fiesta de hoy de la Inmaculada Concepción de la Virgen María se puede resumir con estas palabras: todo es don gratuito de Dios, todo es gracia, todo es don de su amor por nosotros. El ángel Gabriel llamó a María "llena de gracia" (*Lc* 1, 28): en ella no había espacio para el pecado, porque Dios la predestinó desde siempre como madre de Jesús y la preservó de la culpa original. Y María correspondió a la gracia y se abandonó diciendo al ángel: "Hágase en mí según tu palabra" (v. 38). No dice: "Yo lo haré según tu palabra": ¡no! Sino: "Hágase en mí..." Y el Verbo se hizo carne en su seno. También a nosotros se nos pide escuchar a Dios que nos habla y acoger su voluntad; según la lógica evangélica nada es más activo y fecundo que escuchar y acoger la Palabra del Señor, que viene del Evangelio, de la Biblia. El Señor nos habla siempre.

La actitud de María de Nazaret nos muestra que el ser está antes del hacer, y que es necesario dejar hacer a Dios para ser verdaderamente como Él nos quiere. Es Él quien hace en nosotros muchas maravillas. María fue receptiva, pero no pasiva. Como, a nivel físico, recibió el poder el Espíritu Santo para luego dar carne y sangre al Hijo de Dios que se formó en ella, así, a nivel espiritual, acogió la gracia y correspondió a la misma con la fe. Por ello san Agustín afirma que la Virgen "concibió primero en su corazón que en su seno" (*Discursos*, 215, 4). Concibió primero la fe y luego al Señor. Este misterio de la acogida de la gracia, que en María, por un privilegio único, no contaba con el obstáculo del pecado, es una posibilidad para todos. San Pablo, en efecto, inicia su Carta a los Efesios con estas palabras de alabanza: "Bendito sea Dios, Padre de Nuestro Señor Jesucristo, que nos ha bendecido en Cristo con toda clase de bendiciones espirituales en los cielos" (1, 3). Como Isabel saludó a María llamándola "bendita tú entre las mujeres" (*Lc* 1, 42), así también nosotros hemos sido desde siempre "bendecidos", es decir amados, y por ello "elegidos antes de la creación del mundo para que fuésemos santos e intachables" (*Ef* 1, 4). María fue preservada, mientras que nosotros fuimos salvados gracias al Bautismo y a la fe. Todos, tanto ella como nosotros, por medio de Cristo, "para alabanza de la gloria de su gracia", esa gracia de la cual la Inmaculada fue colmada en plenitud.

Ante el amor, ante la misericordia, ante la gracia divina derramada en nuestro corazón, la consecuencia que se impone es una sola: la gratuidad. Ninguno de nosotros puede comprar la salvación. La salvación es un don gratuito del Señor, un don gratuito de Dios que viene a nosotros y vive en nosotros. Como hemos recibido gratuitamente, así gratuitamente estamos llamados a dar (cfr. *Mt* 10, 8); a imitación de María, que, inmediatamente después de acoger el anuncio del ángel, fue a compartir el don de la fecundidad con la pariente Isabel. Porque, si todo se nos ha dado, todo se debe devolver. ¿De qué modo? Dejando que el Espíritu Santo haga de nosotros un don para los demás. El Espíritu es don para nosotros y nosotros, con la fuerza del Espíritu, debemos ser don para los demás y dejar que el Espíritu Santo nos convierta en instrumentos de acogida, instrumentos de reconciliación e instrumentos de perdón. Si nuestra existencia se deja transformar por la gracia del Señor, porque la gracia del Señor nos transforma, no podremos conservar para nosotros la luz que viene de su rostro, sino que la dejaremos pasar para que ilumine a los demás. Aprendamos de María, que tuvo constantemente la mirada fija en su Hijo y su rostro se convirtió en "el rostro que más se asemeja a Cristo" (Dante, *Paraíso*, xxxii, 87). Y a ella nos dirigimos ahora con la oración que recuerda el anuncio del ángel.

17

LA REINA DE LA PAZ

La paz es una conquista

El camino privilegiado para la paz —para evitar que se repita lo ocurrido en las dos guerras mundiales del siglo pasado— es reconocer en el otro no un enemigo que combatir, sino un hermano a quien acoger. Es un proceso continuo, que nunca puede darse por logrado plenamente. Esto es precisamente lo que intuyeron los Padres fundadores, que entendieron cómo la paz era un bien que se debe conquistar continuamente, y que exige una vigilancia absoluta. Eran conscientes de que las guerras se alimentan por los intentos de apropiarse espacios, cristalizar los procesos avanzados y tratar de detenerlos; ellos, por el contrario, buscaban la paz que sólo puede alcanzarse con la actitud constante de iniciar procesos y llevarlos adelante.

Afirmaban de este modo la voluntad de caminar madurando con el tiempo, porque es precisamente el tiempo lo que gobierna los espacios, los ilumina y los transforma en una cadena de crecimiento continuo, sin vuelta atrás. Por eso, construir la paz requiere privilegiar las acciones que generan un nuevo dinamismo en la sociedad e involucran a otras personas y otros grupos que lo desarrollen, hasta que dé fruto en acontecimientos históricos importantes.

Un camino de humanización

Es preciso un proceso constante de humanización, y "no basta reprimir las guerras, suspender las luchas (...); no basta una paz impuesta, una paz utilitaria y provisoria; hay que tender a una paz amada, libre, fraterna, es decir, fundada en la reconciliación de los ánimos". Es decir, continuar los procesos sin ansiedad, pero ciertamente con convicciones claras y con tesón.

Para lograr el bien de la paz es necesario ante todo educar para ella, abandonando una cultura del conflicto, que tiende al miedo del otro, a la marginación de quien piensa y vive de manera diferente. Es cierto que el conflicto no puede ser ignorado o encubierto, debe ser asumido. Pero si nos quedamos atascados en él, perdemos perspectiva, los horizontes se limitan y la realidad misma sigue estando fragmentada. Cuando nos paramos en la situación conflictual perdemos el sentido de la unidad profunda de la realidad, detenemos la historia y caemos en desgastes internos y en contradicciones estériles.

Por desgracia, la paz está todavía demasiado a menudo herida. Lo está en tantas partes del mundo, donde arrecian furiosos conflictos de diversa índole. Lo está aquí, en Europa, donde no cesan las tensiones. Cuánto dolor y cuántos muertos se producen todavía en este continente, que anhela la paz, pero que vuelve a caer fácilmente en las tentaciones de otros tiempos. Por eso es importante y prometedora la labor del Consejo de Europa en la búsqueda de una solución política a las crisis actuales.

Contra el uso distorsionado de la religión

No se puede dialogar si no se parte de la propia identidad. Sin identidad no puede haber diálogo. Sería un diálogo fantasma, un diálogo en el aire: sin valor. Cada uno de nosotros tiene su propia identidad religiosa, a la que es fiel. Pero el Señor sabe cómo hacer avanzar la historia. Cada uno parte de su identidad, pero sin fingir que tiene otra, porque así no vale y no ayuda, y es relativismo.

Cada uno de nosotros da testimonio de su propia identidad ante el otro y dialoga con él. No podemos dejar de reconocer que la intolerancia hacia quien tiene convicciones religiosas diferentes de las propias sea un enemigo muy insidioso, y hoy desafortunadamente se va manifestando en diferentes regiones del mundo.

Como creyentes, hemos de estar atentos a que la religión y la ética que vivimos con convicción y de la que damos testimonio con pasión se exprese siempre en actitudes dignas del misterio que pretende venerar, rechazando decididamente como no verdaderas, por no ser dignas ni de Dios ni de los hombres, todas aquellas formas que representan un uso distorsionado de la religión. La religión auténtica es fuente de paz y no de violencia. Nadie puede usar el nombre de Dios para cometer violencia. Matar en nombre de Dios es un gran sacrilegio. Discriminar en nombre de Dios es inhumano.

Desde este punto de vista, la libertad religiosa no es un derecho que garantiza únicamente el sistema legislativo vigente —lo cual es también necesario—: es un espacio común —como éste—, un ambiente de respeto y colaboración que se construye con la participación de todos, también de aquellos que no tienen ninguna convicción religiosa.

18

MARÍA, PEREGRINA DE LA FE

El coraje de una niña

En este encuentro del *Año de la fe* dedicado a María, Madre de Cristo y de la Iglesia, Madre nuestra, su imagen, traída desde Fátima, nos ayuda a sentir su presencia entre nosotros. Hay una realidad: María siempre nos lleva a Jesús. Es una mujer de fe, una verdadera creyente. Podemos preguntarnos: ¿cómo es la fe de María?

El primer elemento de su fe es éste: la fe de María desata el nudo del pecado (cfr. Conc. Ecum. Vat II, Const. dogm., *Lumen gentium*, 56). ¿Qué significa esto? Los Padres conciliares [del Vaticano II] han tomado una expresión de san Ireneo que dice así: "El nudo de la desobediencia de Eva lo desató la obediencia de María. Lo que ató la virgen Eva por su falta de fe, lo desató la Virgen María por su fe" (*Adversus Haereses*, III, 22, 4).

El "nudo" de la desobediencia, el "nudo" de la incredulidad. Cuando un niño desobedece a su madre o a su padre, podríamos decir que se forma un pequeño "nudo". Esto sucede si el niño actúa dándose cuenta de lo que hace, especialmente si hay de por medio una mentira; en ese momento no se fía de la mamá o del papá. Ustedes saben cuántas veces pasa esto. Entonces, la relación con los padres necesita ser limpiada de esta falta y, de hecho, se pide perdón para que haya de nuevo armonía y confianza. Algo parecido ocurre en nuestras relaciones con Dios. Cuando no lo escuchamos, no seguimos su voluntad, cometemos actos concretos en los que mostramos falta de confianza en él —y esto es pecado—, se forma como un nudo en nuestra interioridad. Y estos nudos nos quitan la paz y la serenidad. Son peligrosos, porque varios nudos pueden convertirse en una madeja, que siempre es más doloroso y más difícil de deshacer.

Pero para la misericordia de Dios —lo sabemos— nada es imposible. Hasta los nudos más enredados se deshacen con su gracia. Y María, que con su "sí" ha abierto la puerta a Dios para deshacer el nudo de la antigua desobediencia, es la madre que con paciencia y ternura nos lleva a Dios, para que él desate los nudos de nuestra alma con su misericordia de Padre. Todos nosotros tenemos alguno, y podemos preguntarnos en nuestro corazón: ¿cuáles son los nudos que hay en mi vida? "Padre, los míos no se pueden desatar." Pero eso es un error. Todos los nudos del corazón, todos los nudos de la conciencia se pueden deshacer. ¿Pido a María que me ayude a tener confianza en la misericordia de Dios para deshacerlos, para cambiar? Ella, mujer de fe, sin duda nos dirá: "Vete adelante, ve donde el Señor: Él comprende". Y ella nos lleva de la mano, Madre, Madre, hacia el abrazo del Padre, del Padre de la misericordia.

Segundo elemento: la fe de María da carne humana a Jesús. Dice el Concilio: "Por su fe y obediencia engendró en la tierra al Hijo mismo del Padre, ciertamente sin conocer varón, cubierta con la sombra del Espíritu Santo" (Const. dogm., *Lumen gentium*, 63). Éste es un punto sobre el que los Padres de la Iglesia han insistido mucho: María ha concebido a Jesús en la fe, y después en la carne, cuando ha dicho "sí" al anuncio que Dios le ha dirigido mediante el ángel. ¿Qué quiere decir esto? Que Dios no ha querido hacerse hombre ignorando nuestra libertad, ha querido pasar a través del libre consentimiento de María, a través de su "sí". Le ha preguntado: "¿estás dispuesta a esto?" Y ella ha dicho: "sí".

Pero lo que ha ocurrido en la Virgen Madre de manera única, también nos sucede a nosotros en el plano espiritual cuando acogemos la Palabra de Dios con corazón bueno y sincero y la ponemos en práctica. Es como si Dios adquiriera carne en nosotros. Él viene a habitar en nosotros, porque toma morada en aquellos que le aman y cumplen su Palabra. No es fácil entender esto, pero sí es fácil sentirlo en el corazón.

¿Pensamos que la encarnación de Jesús es sólo algo del pasado, que no nos concierne personalmente? Creer en Jesús significa ofrecerle nuestra carne, con la humildad y el valor de María, para que él pueda seguir habitando en medio de los hombres; significa ofrecerle nuestras manos para acariciar a los pequeños y a los pobres; nuestros pies para salir al encuentro de los hermanos; nuestros brazos para sostener a quien es débil y para trabajar en la viña del Señor; nuestra mente para pensar y hacer proyectos a la luz del Evangelio, y, sobre todo, nuestro corazón para amar y tomar decisiones según la voluntad de Dios.

Todo esto acontece gracias a la acción del Espíritu Santo. Y, así, somos los instrumentos de Dios para que Jesús actúe en el mundo a través de nosotros.

Y el último elemento es la fe de María como camino: el Concilio afirma que María "avanzó en la peregrinación de la fe" (*ibid*., 58). Por eso ella nos precede en esta peregrinación, nos acompaña, nos sostiene.

¿En qué sentido la fe de María ha sido un camino? En el sentido de que toda su vida fue un seguir a su Hijo: él —Jesús— es la vía, él es el camino. Progresar en la fe, avanzar en esta peregrinación espiritual que es la fe, no es sino seguir a Jesús; escucharlo y dejarse guiar por sus palabras; ver cómo se comporta él y poner nuestros pies en sus huellas, tener sus mismos sentimientos y actitudes. Y ¿cuáles son los sentimientos y actitudes de Jesús?: humildad, misericordia, cercanía, pero también un firme rechazo de la hipocresía, de la falsedad, de la idolatría. La vía de Jesús es la del amor fiel hasta el final, hasta el sacrificio de la vida; es la vía de la cruz. Por eso, el camino de la fe pasa a través de la cruz, y María lo entendió desde el principio, cuando Herodes quiso matar a Jesús recién nacido. Pero después esta cruz se hizo más pesada, cuando Jesús fue rechazado: María siempre estaba con Jesús, seguía a Jesús mezclada con el pueblo, y oía sus cháncharas, la odiosidad de aquellos que no querían a Jesús. Y esta cruz ella la ha llevado. La fe de María afrontó entonces la incomprensión y el desprecio. Cuando llegó la "hora" de Jesús, esto es, la hora de la pasión, la fe de María fue entonces la lamparilla encendida en la noche, esa lamparilla en plena noche. María veló durante la noche del Sábado Santo. Su llama, pequeña pero clara, estuvo encendida hasta el alba de la Resurrección, y cuando le llegó la noticia de que el sepulcro estaba vacío, su corazón quedó henchido de la alegría de la fe, la fe cristiana en la muerte y resurrección de Jesucristo. Porque la fe siempre nos lleva a la alegría, y ella es la Madre de la alegría. Que ella nos enseñe a caminar por este camino de la alegría y a vivir esta alegría. Éste es el punto culminante —esta alegría, este encuentro entre Jesús y María—, pero imaginemos cómo fue... Este encuentro es el punto culminante del camino de la fe de María y de toda la Iglesia. ¿Cómo es nuestra fe? ¿La tenemos encendida, como María, también en los momentos difíciles, los momentos de oscuridad? ¿He sentido la alegría de la fe?

Esta tarde, Madre, te damos gracias por tu fe de mujer fuerte y humilde, y renovamos nuestra entrega a ti, Madre de nuestra fe. Amén.

La mirada de María

Esta tarde me siento unido a todos ustedes en la recitación del Santo Rosario y en la Adoración Eucarística bajo la mirada de la Virgen María.

La mirada. ¡Qué importante es! ¡Cuántas cosas pueden decirse con una mirada! Afecto, aliento, compasión, amor, pero también reproche, envidia, soberbia, incluso odio. Con frecuencia la mirada dice más que las palabras, o dice aquello que las palabras no pueden o no se atreven a decir.

¿A quién mira la Virgen María? Nos mira a todos, a cada uno de nosotros. Y ¿cómo nos mira? Nos mira como

Madre, con ternura, con misericordia, con amor. Así ha mirado al hijo Jesús en todos los momentos de su vida, gozosos, luminosos, dolorosos, gloriosos, como contemplamos en los Misterios del Santo Rosario, simplemente con amor.

Cuando estemos cansados, desanimados, abrumados por los problemas, volvámonos a María, sintamos su mirada que dice a nuestro corazón: "¡Ánimo, hijo, que yo te sostengo!" La Virgen nos conoce bien, es madre, sabe muy bien cuáles son nuestras alegrías y nuestras dificultades, nuestras esperanzas y nuestras desilusiones. Cuando sintamos el peso de nuestras debilidades, de nuestros pecados, volvámonos a María, que dice a nuestro corazón: "¡Levántate, acude a mi Hijo Jesús!, en él encontrarás acogida, misericordia y nueva fuerza para continuar el camino".

La mirada de María no se dirige solamente a nosotros. Al pie de la cruz, cuando Jesús le confía al Apóstol Juan, y con él a todos nosotros, diciendo: "Mujer, ahí tienes a tu hijo" (*Jn* 19, 26), los ojos de María están fijos en Jesús. Y María nos dice, como en las Bodas de Caná: "Haced lo que él os diga" (*Jn* 2, 5). María indica a Jesús, nos invita a dar testimonio de Jesús, nos guía siempre a su Hijo Jesús, porque sólo en él hay salvación, sólo él puede transformar el agua de la soledad, de la dificultad, del pecado, en el vino del encuentro, de la alegría, del perdón. Sólo él.

"Bienaventurada porque has creído." María es bienaventurada por su fe en Dios, por su fe, porque la mirada de su corazón ha estado siempre fija en Dios, en el Hijo de Dios que ha llevado en su seno y que ha contemplado en la cruz. En la Adoración del Santísimo Sacramento, María nos dice: "Mira a mi Hijo Jesús, ten los ojos fijos en él, escúchalo, habla con él. Él te mira con amor. No tengas miedo. Él te enseñará a seguirlo para dar testimonio de él en las grandes y pequeñas obras de tu vida, en las relaciones de familia, en tu trabajo, en los momentos de fiesta; te enseñará a salir de ti mismo, de ti misma, para mirar a los demás con amor, como él, que te ha amado y te ama, no de palabra, sino con obras".

¡Oh, María!, haznos sentir tu mirada de Madre, guíanos a tu Hijo, haz que no seamos cristianos "de escaparate", sino de los que saben "mancharse las manos" para construir con tu Hijo Jesús su Reino de amor, de alegría y de paz.

Acto de consagración a nuestra Señora de Aparecida

María Santísima,
por los méritos de Nuestro Señor Jesucristo,
en vuestra amada imagen de Aparecida,
difundís innumerables beneficios
por todo Brasil.
Yo, aún indigno de formar parte
del número de vuestros hijos e hijas,
pero lleno del deseo de participar
en los beneficios de vuestra misericordia,
postrado a vuestros pies,
os consagro mi entendimiento,

para que pueda siempre pensar en el amor
que merecéis;
os consagro mi lengua
para que siempre os pueda alabar
y difundir vuestra devoción;
os consagro mi corazón,
para que, después de Dios,
os ame sobre todas las cosas.
Recibidme, Reina incomparable,
Vos, a quien Cristo crucificado nos dio por Madre,
en el número bendito de vuestros hijos e hijas;
acogedme bajo vuestra protección;
socorredme en todas mis necesidades,
espirituales y temporales,
sobre todo en la hora de mi muerte.
Bendecidme, celestial cooperadora,
y a través de vuestra poderosa intercesión,
fortalecedme en mi debilidad,
a fin de que,
sirviéndoos fielmente en esta vida,
pueda alabaros, amaros
y daros gracias en los cielos,
por toda la eternidad.
¡Así sea!

19

UNA MUJER MODERNA

La mujer y la salvaguardia de la humanidad

La Iglesia lleva el artículo femenino "la": es femenina desde su origen. El teólogo Urs von Balthasar trabajó mucho sobre este tema: el principio mariano guía a la Iglesia de la mano del principio petrino. La Virgen es más importante que cualquier obispo y que cualesquiera de los apóstoles. La profundización teologal ya está en marcha. El cardenal Rylko, junto al Consejo de los Laicos, está trabajando en esta dirección con muchas mujeres expertas. Y sobre eso tenemos que profundizar más. En la crisis cultural de nuestro tiempo, la mujer se encuentra en primera línea en la batalla para la salvaguardia del género humano.

Las mujeres en los Evangelios

En las profesiones de fe del Nuevo Testamento, como testigos de la Resurrección, se recuerda solamente a hombres, a los Apóstoles, pero no a las mujeres. Esto porque, según la Ley judía de ese tiempo, las mujeres y los niños no podían dar un testimonio fiable, creíble. En los Evangelios, en cambio, las mujeres tienen un papel primario, fundamental. Aquí podemos identificar un elemento a favor de la historicidad de la Resurrección: si hubiera sido un hecho inventado, en el contexto de aquel tiempo no habría estado vinculado al testimonio de las mujeres. Los evangelistas, en cambio, narran sencillamente lo sucedido: las mujeres son las primeras testigos. Esto dice que Dios no elige según los criterios humanos: los primeros testigos del nacimiento de Jesús son los pastores, gente sencilla y humilde; las primeras testigos de la Resurrección son las mujeres. Y esto es bello. Y esto es en cierto sentido la misión de las mujeres: de las madres, de las mujeres. Dar testimonio a los hijos, a los nietos, de que Jesús está vivo, es el viviente, ha resucitado. Madres y mujeres, ¡adelante con este testimonio! Para Dios cuenta el corazón, lo abiertos que estamos a Él, si somos como niños que confían. Pero esto nos hace reflexionar también sobre cómo las mujeres, en la Iglesia y en el camino de fe, han tenido y tienen también hoy un papel especial en abrir las puertas al Señor, seguirle y comunicar su Rostro, porque la mirada de fe siempre necesita de la mirada sencilla y profunda del amor. Los Apóstoles y los discípulos encuentran mayor dificultad para creer. Las mujeres, no. Pedro corre al sepulcro, pero se detiene ante la tumba vacía; Tomás debe tocar con sus manos las heridas del cuerpo de Jesús. También en nuestro camino de fe es importante saber y sentir que Dios nos ama, no tener miedo de amarle: la fe se profesa con la boca y con el corazón, con la palabra y con el amor.

La dignidad de la mujer

En el curso de estos últimos decenios, junto a otras transformaciones culturales y sociales, también la identidad y el papel de la mujer, en la familia, en la sociedad y en la Iglesia, ha conocido notables cambios y, en general, la participación y la responsabilidad de las mujeres ha ido creciendo.

En este proceso ha sido y es importante también el discernimiento por parte del Magisterio de los Papas. De modo especial se debe mencionar la carta apostólica *Mulieris dignitatem*, de 1988, del beato Juan Pablo II, sobre la dignidad y vocación de la mujer, documento que, en línea con la enseñanza del Vaticano II, ha reconocido la fuerza moral de la mujer, su fuerza espiritual (cfr. n. 30), y recordamos también el *Mensaje para la Jornada Mundial de la Paz de 1995* sobre el tema "La mujer: educadora para la paz".

He recordado la indispensable aportación de la mujer en la sociedad, en particular con su sensibilidad e intuición hacia el otro, el débil y el indefenso. Me alegra ver cómo muchas mujeres comparten responsabilidades pastorales con los sacerdotes, en el acompañamiento de personas, familias y grupos, así como en la reflexión teológica, y desea que se amplíen los espacios para una presencia femenina más amplia e incisiva en la Iglesia (cfr. Exhort. ap. *Evangelii gaudium*, 103).

Estos nuevos espacios y responsabilidades que se han abierto, y que deseo vivamente se puedan extender ulteriormente a la presencia y a la actividad de las mujeres, tanto en el ámbito eclesial como en el civil y profesional, no pueden hacer olvidar el papel insustituible de la mujer en la familia. Los dotes de delicadeza, peculiar sensibilidad y ternura, que abundantemente tiene el alma femenina, representan no sólo una genuina fuerza para la vida de las familias, para la irradiación de un clima de serenidad y de armonía, sino una realidad sin la cual la vocación humana sería irrealizable. Esto es importante. Sin estas actitudes, sin estos dotes de la mujer, la vocación humana no puede realizarse.

En este punto surge espontáneamente preguntarse: ¿cómo es posible crecer en la presencia eficaz en tantos ámbitos de la esfera pública, en el mundo del trabajo y en los lugares donde se toman las decisiones más importantes y, al mismo tiempo, mantener una presencia y una atención preferencial y del todo especial en y para la familia? Y aquí está el ámbito del discernimiento que, además de la reflexión sobre la realidad de la mujer en la sociedad, presupone la oración asidua y perseverante.

Es en el diálogo con Dios, iluminado por su Palabra, regado por la gracia de los Sacramentos, donde la mujer cristiana busca siempre responder nuevamente a la llamada del Señor, en lo concreto de su condición.

La presencia maternal de María sostiene siempre esta oración. Ella, que cuidó a su Hijo divino, que propició su primer milagro en las bodas de Caná, que estaba presente en el Calvario y en Pentecostés, os indique el camino que hay que recorrer para profundizar el significado y el papel de la mujer en la sociedad y para ser plenamente fieles al Señor Jesucristo y a vuestra misión en el mundo. Gracias.

20

UN EJEMPLO A SEGUIR

La madre que nos lleva a Cristo

Tuve la gracia de crecer en una familia en la que la fe se vivía de modo sencillo y concreto; pero fue sobre todo mi abuela, la mamá de mi padre, quien marcó mi camino de fe. Era una mujer que nos explicaba, nos hablaba de Jesús, nos enseñaba el Catecismo. Recuerdo siempre que el Viernes Santo nos llevaba, por la tarde, a la procesión de las antorchas, y al final de esta procesión llegaba el "Cristo yacente", y la abuela nos hacía —a nosotros, niños— arrodillarnos y nos decía: "Mirad, está muerto, pero mañana resucita". Recibí el primer anuncio cristiano precisamente de esta mujer, ¡de mi abuela! ¡Esto es bellísimo! El primer anuncio en casa, ¡con la familia! Y esto me hace pensar en el amor de tantas mamás y de tantas abuelas en la transmisión de la fe. Son quienes transmiten la fe. Esto sucedía también en los primeros tiempos, porque san Pablo decía a Timoteo: "Evoco el recuerdo de la fe de tu abuela y de tu madre" (cfr. 2 *Tm* 1, 5).

La madre es quien nos lleva al Señor; es la madre, es quien sabe todo. Así rezar también a la Virgen y pedirle, como mamá, que me fortalezca. Algo que me hace fuerte todos los días es rezar el Rosario a la Virgen. Siento una fuerza muy grande porque acudo a Ella y me siento fuerte.

La familia cristiana

El Cenáculo, finalmente, nos recuerda el nacimiento de la nueva familia, la Iglesia, nuestra santa madre Iglesia jerárquica, constituida por Cristo resucitado. Una familia que tiene una Madre, la Virgen María. Las familias cristianas pertenecen a esta gran familia, y en ella encuentran luz y fuerza para caminar y renovarse, mediante las fatigas y las pruebas de la vida. A esta gran familia están invitados y llamados todos los hijos de Dios de cualquier pueblo y lengua, todos hermanos e hijos de un único Padre que está en los cielos.

Éste es el horizonte del Cenáculo: el horizonte del Cenáculo, el horizonte del Resucitado y de la Iglesia.

De aquí parte la Iglesia, animada por el soplo del Espíritu. Recogida en oración con la Madre de Jesús, revive siempre la esperanza de una renovada efusión del Espíritu Santo: envía, Señor, tu Espíritu, y renueva la faz de la tierra (cfr. *Sal* 104, 30).

Escucha, decisión y acción

Tres palabras sintetizan la actitud de María: escucha, decisión, acción; escucha, decisión, acción. Palabras que indican un camino también para nosotros ante lo que nos pide el Señor en la vida. Escucha, decisión, acción.

Escucha. ¿De dónde nace el gesto de María de ir a casa de su pariente Isabel? De una palabra del Ángel de Dios: "También tu pariente Isabel ha concebido un hijo en su vejez..." (*Lc* 1, 36). María sabe escuchar a Dios. Atención: no es un simple "oír", un oír superficial, sino que es la "escucha" hecha de atención, acogida, disponibilidad hacia Dios. No es el modo distraído con el que muchas veces nos ponemos delante del Señor o de los demás: oímos las palabras, pero no escuchamos de verdad. María está atenta a Dios, escucha a Dios.

Pero María escucha también los hechos, es decir, lee los acontecimientos de su vida, está atenta a la realidad concreta y no se detiene en la superficie, sino que va a lo profundo, para captar el significado. Su pariente Isabel, que ya es anciana, espera un hijo: éste es el hecho. Pero María está atenta al significado, lo sabe captar: "Para Dios nada hay imposible" (*Lc* 1, 37).

Esto vale también en nuestra vida: escucha de Dios que nos habla, y escucha también las realidades cotidianas: atención a las personas, a los hechos, porque el Señor está a la puerta de nuestra vida y llama de muchas formas, pone signos en nuestro camino; nos da la capacidad de verlos. María es la madre de la escucha, escucha atenta de Dios y escucha igualmente atenta a los acontecimientos de la vida.

La segunda palabra: decisión. María no vive "deprisa", con angustia, pero, como pone de relieve san Lucas, "meditaba todas estas cosas en su corazón" (cfr. *Lc* 2, 19.51).

E incluso en el momento decisivo de la Anunciación del Ángel, Ella pregunta: "¿cómo será eso?" (*Lc* 1, 34). Pero no se detiene ni siquiera en el momento de la reflexión; da un paso adelante: decide. No vive deprisa, sino sólo cuando es necesario "va deprisa". María no se deja arrastrar por los acontecimientos, no evita la fatiga de la decisión. Y esto se da tanto en la elección fundamental que cambiará su vida: "Heme aquí, soy la esclava del Señor..." (cfr. *Lc* 1, 38), como en las elecciones más cotidianas, pero ricas también de significado. Me viene a la mente el episodio de las bodas de Caná (cfr. *Jn* 2, 1-11): también aquí se ve el realismo, la humanidad, el modo concreto de María, que está atenta a los hechos, a los problemas; ve y comprende la dificultad de los dos jóvenes esposos a quienes falta el vino en la fiesta, reflexiona y sabe que Jesús puede hacer algo, y decide dirigirse al Hijo para que intervenga: "No tienen vino" (cfr. v. 3). Decide.

En la vida es difícil tomar decisiones, a menudo tendemos a postergarlas, a dejar que otros decidan en nuestro lugar, con frecuencia preferimos dejarnos arrastrar por los acontecimientos, seguir la moda del momento; a veces sabemos lo que debemos hacer, pero no tenemos la valentía o nos parece demasiado difícil porque significa ir a contracorriente. María en la Anunciación, en la Visitación, en las bodas de Caná va a contracorriente, María va a contracorriente; se pone a la escucha de Dios, reflexiona y trata de comprender la realidad, y decide abandonarse totalmente a Dios, decide visitar, incluso estando encinta, a la anciana pariente; decide encomendarse al Hijo con insistencia para salvar la alegría de la boda.

La tercera palabra: acción. María se puso en camino y "fue deprisa..." (cfr. *Lc* 1, 39). El domingo pasado ponía de relieve este modo de obrar de María: a pesar de las dificultades, las críticas recibidas por su decisión de ponerse en camino, no se detiene ante nada. Y parte "deprisa". En la oración, ante Dios que habla, al reflexionar y meditar acerca de los hechos de su vida, María no tiene prisa, no se deja atrapar por el momento, no se deja arrastrar por los acontecimientos. Pero cuando tiene claro lo que Dios le pide, lo que debe hacer, no se detiene, no se demora, sino que va "deprisa". San Ambrosio comenta: "La gracia del Espíritu Santo no comporta lentitud" (*Expos. Evang. sec. Lucam*, II, 19: PL 15, 1560). La acción de María es una consecuencia de su obediencia a las palabras del Ángel, pero unida a la caridad: acude a Isabel para ponerse a su servicio, y en este salir de su casa, de sí misma, por amor, lleva cuanto tiene de más valioso: a Jesús; lleva al Hijo.

Algunas veces también nosotros nos detenemos a escuchar, a reflexionar sobre lo que debemos hacer, tal vez tenemos incluso clara la decisión que tenemos que tomar, pero no damos el paso a la acción. Sobre todo no nos ponemos en juego nosotros mismos moviéndonos "deprisa" hacia los demás para llevarles nuestra ayuda, nuestra comprensión, nuestra caridad; para llevar también nosotros, como María, lo que tenemos de más valioso y que hemos recibido, Jesús y su Evangelio, con la palabra y sobre todo con el testimonio concreto de nuestro obrar.

María, la mujer de la escucha, de la decisión, de la acción.

María, mujer de la escucha, haz que se abran nuestros oídos; que sepamos escuchar la Palabra de tu Hijo Jesús entre las miles de palabras de este mundo; haz que sepamos escuchar la realidad en la que vivimos, a cada persona que encontramos, especialmente a quien es pobre, necesitado, tiene dificultades.

María, mujer de la decisión, ilumina nuestra mente y nuestro corazón, para que sepamos obedecer la Palabra de tu Hijo Jesús sin vacilaciones; danos la valentía de la decisión, de no dejarnos arrastrar para que otros orienten nuestra vida.

María, mujer de la acción, haz que nuestras manos y nuestros pies se muevan "deprisa" hacia los demás, para llevar la caridad y el amor de tu Hijo Jesús, para llevar, como tú, la luz del Evangelio al mundo. Amén.

21

JOSÉ, EL ESPOSO

María y José

En el Evangelio de san Mateo, en uno de los momentos en que Jesús regresa a su pueblo, a Nazaret, y habla en la sinagoga, se pone de relieve el estupor de sus conciudadanos por su sabiduría, y la pregunta que se plantean: "¿No es el hijo del carpintero?" (13, 55). Jesús entra en nuestra historia, viene en medio de nosotros, naciendo de María por obra de Dios, pero con la presencia de san José, el padre legal que lo protege y le enseña también su trabajo. Jesús nace y vive en una familia, en la Sagrada Familia, aprendiendo de san José el oficio de carpintero, en el taller de Nazaret, compartiendo con él el trabajo, la fatiga, la satisfacción y también las dificultades de cada día.

La cotidianidad de Nazaret

Doy gracias al Señor por poder celebrar esta Santa Misa de comienzo del ministerio petrino en la solemnidad de san José, esposo de la Virgen María y patrono de la Iglesia universal: es una coincidencia muy rica de significado, y es también el onomástico de mi venerado Predecesor: le estamos cercanos con la oración, llena de afecto y gratitud.

En estas palabras se encierra ya la misión que Dios confía a José, la de ser *custos*, custodio. Custodio ¿de quién? De María y Jesús; pero es una custodia que se alarga luego a la Iglesia, como ha señalado el beato Juan Pablo II: "Al igual que cuidó amorosamente a María y se dedicó con gozoso empeño a la educación de Jesucristo, también custodia y protege su cuerpo místico, la Iglesia, de la que la Virgen Santa es figura y modelo" (Exhort. ap. *Redemptoris Custos*, 1).

¿Cómo ejerce José esta custodia? Con discreción, con humildad, en silencio, pero con una presencia constante y una fidelidad total, aun cuando no comprende. Desde su matrimonio con María hasta el episodio de Jesús en el Templo de Jerusalén a los 12 años, acompaña en todo momento con esmero y amor. Está junto a María, su esposa, tanto en los momentos serenos de la vida como en los difíciles, en el viaje a Belén para el censo y en las horas temblorosas y gozosas del parto; en el momento dramático de la huida a Egipto y en la afanosa búsqueda de su hijo en el Templo, y después en la vida cotidiana en la casa de Nazaret, en el taller donde enseñó el oficio a Jesús.

¿Cómo vive José su vocación como custodio de María, de Jesús, de la Iglesia? Con la atención constante a Dios, abierto a sus signos, disponible a su proyecto, y no tanto al propio, y eso es lo que Dios le pidió a David, como hemos escuchado en la primera Lectura: Dios no quiere una casa construida por el hombre, sino la fidelidad a su palabra, a su designio, y es Dios mismo quien construye la casa, pero de piedras vivas marcadas por su Espíritu. Y José es "custodio" porque sabe escuchar a Dios, se deja guiar por su voluntad, y precisamente por eso es más sensible aún a las personas que se le han confiado, sabe cómo leer con realismo los acontecimientos, está atento a lo que le rodea, y sabe tomar las decisiones más sensatas. En él, queridos amigos, vemos cómo se responde a la llamada de Dios, con disponibilidad, con prontitud; pero vemos también cuál es el centro de la vocación cristiana: Cristo. Guardemos a Cristo en nuestra vida, para guardar a los demás, para salvaguardar la creación.

Pero la vocación de custodiar no sólo nos atañe a nosotros, los cristianos, sino que tiene una dimensión que antecede y que es simplemente humana, corresponde a todos. Es custodiar toda la creación, la belleza de la creación, como se nos dice en el libro del Génesis y como nos muestra san Francisco de Asís: es tener respeto por todas las criaturas de Dios y por el entorno en el que vivimos. Es custodiar a la gente, el preocuparse por todos, por cada uno, con amor, especialmente por los niños, los ancianos, quienes son más frágiles y que a menudo se quedan en la periferia de nuestro corazón. Es preocuparse uno del otro en la familia: los cónyuges se guardan recíprocamente y luego, como padres, cuidan de los hijos, y con el tiempo, también los hijos se convertirán en cuidadores de sus padres. Es vivir con sinceridad las amistades, que son un recíproco protegerse en la confianza, en el respeto y en el bien. En el fondo, todo está confiado a la custodia del hombre, y es una responsabilidad que nos afecta a todos. Sed custodios de los dones de Dios.

En los Evangelios, san José aparece como un hombre fuerte y valiente, trabajador, pero en su alma se percibe una gran ternura, que no es la virtud de los débiles, sino más bien todo lo contrario: denota fortaleza de ánimo y capacidad de atención, de compasión, de verdadera apertura al otro, de amor. No debemos tener miedo de la bondad, de la ternura.

Hoy, junto a la fiesta de san José, celebramos el inicio del ministerio del nuevo Obispo de Roma, Sucesor de Pedro, que comporta también un poder. Ciertamente, Jesucristo ha dado un poder a Pedro, pero ¿de qué poder se trata? A las tres preguntas de Jesús a Pedro sobre el amor sigue la triple invitación: apacienta mis corderos, apacienta mis ovejas. Nunca olvidemos que el verdadero poder es el servicio, y que también el Papa, para ejercer el poder, debe entrar cada vez más en ese servicio que tiene su culmen luminoso en la cruz; debe poner sus ojos en el servicio humilde, concreto, rico de fe, de san José y, como él, abrir los brazos para custodiar a todo el Pueblo de Dios y acoger con afecto y ternura a toda la humanidad, especialmente a los más pobres, los más débiles, los más pequeños; eso que Mateo describe en el juicio final sobre la caridad: al hambriento, al sediento, al forastero, al desnudo, al enfermo, al encarcelado (cfr. *Mt* 25, 31-46). Sólo el que sirve con amor sabe custodiar.

Custodiar a Jesús con María, custodiar toda la creación, custodiar a todos, especialmente a los más pobres, custodiarnos a nosotros mismos; he aquí un servicio que el Obispo de Roma está llamado a desempeñar, pero al que todos estamos llamados, para hacer brillar la estrella de la esperanza: protejamos con amor lo que Dios nos ha dado.

Imploro la intercesión de la Virgen María, de san José, de los Apóstoles san Pedro y san Pablo, de san Francisco, para que el Espíritu Santo acompañe mi ministerio, y a todos vosotros os digo: Rezad por mí. Amén.

22

JOSÉ, EL PADRE

Sabiduría, edad y gracia

Miremos a José como el modelo del educador, que *custodia y acompaña a Jesús en su camino de crecimiento "en sabiduría, edad y gracia"*, como dice el Evangelio. Él no era el padre de Jesús: el padre de Jesús era Dios, pero él hacía de papá de Jesús, hacía de padre de Jesús para ayudarle a crecer. ¿Cómo le ayudó a crecer? En sabiduría, edad y gracia.

Partamos de la *edad*, que es la dimensión más natural, el crecimiento físico y psicológico. José, junto con María, se ocupó de Jesús ante todo desde este punto de vista, es decir, lo "crió", preocupándose de que no le faltase lo necesario para un desarrollo sano. No olvidemos que la custodia atenta de la vida del Niño comportó también el exilio en Egipto, la dura experiencia de vivir como refugiados —José fue un refugiado, con María y Jesús— para escapar de la amenaza de Herodes. Después, una vez que volvieron a su patria y se establecieron en Nazaret, está todo el largo periodo de la vida de Jesús en su familia. En esos años José enseñó a Jesús incluso su trabajo, y Jesús aprendió a ser carpintero con su padre José. Así, José ayudó a crecer a Jesús.

Pasemos a la segunda dimensión de la educación: la "sabiduría". José fue para Jesús ejemplo y maestro de esta sabiduría, que se alimenta de la Palabra de Dios. Podemos pensar en cómo José educó al pequeño Jesús en la escucha de las Sagradas Escrituras, sobre todo acompañándolo el sábado a la sinagoga de Nazaret. Y José lo acompañaba para que Jesús escuchase la Palabra de Dios en la sinagoga.

Y, por último, la dimensión de la "gracia". Dice san Lucas refiriéndose a Jesús: "La gracia de Dios estaba con Él" (2, 40). Aquí ciertamente la parte reservada a san José es más limitada respecto a los ámbitos de la edad y de la sabiduría. Pero sería un grave error pensar que un padre y una madre no pueden hacer nada para educar a los hijos en el crecimiento en la gracia de Dios. Crecer en edad, crecer en sabiduría, crecer en gracia: éste es el trabajo que hizo José con Jesús, ayudarle a crecer en estas tres dimensiones, ayudarle a crecer.

La misión de san José es ciertamente única e irrepetible, porque absolutamente único es Jesús. Y, sin embargo, al custodiar a Jesús, educándolo en el crecimiento en edad, sabiduría y gracia, él es modelo para todo educador, en especial para todo padre. San José es el modelo del educador y del papá, del padre. Encomiendo, por lo tanto, a su protección a todos los padres, a los sacerdotes —que son padres—, y a quienes tienen una tarea educativa en la Iglesia y en la sociedad.

De modo especial quiero saludar hoy, Día del Padre, a todos los padres, a todos los papás: os saludo de corazón. Veamos: ¿hay algunos padres en la plaza? ¡Levanten la mano los papás! ¡Pero cuántos papás! ¡Felicidades, felicidades en vuestro día! Pido para vosotros la gracia de estar siempre muy cerca de vuestros hijos, ayudándoles a crecer, pero cercanos, cercanos. Ellos necesitan de vosotros, de vuestra presencia, de vuestra cercanía, de vuestro amor. Sed para ellos como san José: custodios de su crecimiento en edad, sabiduría y gracia. Custodios de su camino; educadores, y caminad con ellos. Y con esta cercanía seréis auténticos educadores. Gracias por todo lo que hacéis por vuestros hijos: gracias. A vosotros, muchas felicidades y feliz fiesta del padre a todos los papás que están aquí, a todos los padres. Que san José os bendiga y os acompañe. Y algunos de nosotros hemos perdido al papá, se marchó, el Señor lo llamó; muchos de los que están en la plaza no tienen papá. Podemos rezar por todos los padres del mundo, por los papás vivos y también por los difuntos y por los nuestros, y podemos hacerlo juntos, cada uno recordando a su padre, si está vivo o si está muerto. Y recemos al gran Papá de todos nosotros, el Padre.

23

MARÍA, MUJER DE LA ESCUCHA

La oración del Rosario

Quisiera subrayar la belleza de una oración contemplativa sencilla, accesible a todos, grandes y pequeños, cultos o poco instruidos; es la oración del Santo Rosario. En el Rosario nosotros nos dirigimos a la Virgen María para que nos guíe hacia una unión cada vez más estrecha con su Hijo Jesús para identificarnos con Él, tener sus sentimientos, actuar como Él. En el Rosario, de hecho, repitiendo el Ave María, nosotros meditamos los misterios, los hechos de la vida de Cristo para conocerle y amarle cada vez más. El Rosario es un instrumento eficaz para abrirnos a Dios, para que nos ayude a vencer el egoísmo y llevar paz a los corazones, a las familias, a la sociedad y al mundo.

Queridos jóvenes, el amor de Cristo y su amistad no son un espejismo —Jesús en la Cruz muestra cuán concretos son— ni están reservados a pocos. Vosotros encontraréis esta amistad y experimentaréis toda la fecundidad y la belleza si le buscáis con sinceridad, os abrís con confianza a Él y cultiváis con empeño vuestra vida espiritual acercándoos a los sacramentos, meditando la Sagrada Escritura, orando con constancia y viviendo intensamente en la comunidad cristiana. Sentíos parte viva de la Iglesia, comprometidos en la evangelización, en unión con los hermanos en la fe y en comunión con vuestros pastores. ¡No tengáis miedo de vivir la fe! Sed testigos de Cristo en vuestros ambientes cotidianos, con sencillez y valentía. A quienes encontréis, a vuestros coetáneos, sabed mostrar sobre todo el Rostro de la misericordia y del amor de Dios, que siempre perdona, alienta, dona esperanza. Estad siempre atentos a los demás, especialmente a las personas más pobres y más débiles, viviendo y testimoniando el amor fraterno, contra todo egoísmo y cerrazón.

Oración a la Sagrada Familia

Jesús, María y José
A ustedes, la Sagrada Familia de Nazaret,
Hoy miramos con admiración y confianza;
En vosotros contemplamos
La belleza de la comunión en el amor verdadero;
A ustedes encomendamos a todas nuestras
    familias,
Y a que se renueven en las maravillas de la gracia.
Sagrada Familia de Nazaret,
Atractiva escuela del Santo Evangelio:
Enséñanos a imitar sus virtudes
Con una sabia disciplina espiritual,
Danos una mirada limpia
Que reconozca la acción de la Providencia

En las realidades cotidianas de la vida.
Sagrada Familia de Nazaret,
Fiel custodia del ministerio de la salvación:
Haz nacer en nosotros la estima por el silencio,
Haz de nuestras familias círculos de oración
Y conviértelas en pequeñas iglesias domésticas,
Renueva el deseo de santidad,
Sostener la noble fatiga del trabajo, la educación,
La escucha, la comprensión y el perdón mutuo.
Sagrada Familia de Nazaret,
Despierta en nuestra sociedad la conciencia
Del carácter sagrado e inviolable de la familia,
Inestimable e insustituible.
Que cada familia sea acogedora morada de Dios
        y de la paz
Para los niños y para los ancianos,
Para aquellos que están enfermos y solos,
Para aquellos que son pobres y necesitados.
Jesús, María y José,
A ustedes con confianza oramos,
A ustedes con alegría nos confiamos.

24

MARÍA AL PIE DE LA CRUZ

El valor del sufrimiento

Quisiera recordar con vosotros una de las bienaventuranzas: "Bienaventurados los que lloran, porque ellos serán consolados" (*Mt* 5, 5). Con estas palabras proféticas Jesús se refiere a una condición de la vida terrena que no falta a nadie. Hay quien llora porque no tiene salud, quien llora porque está solo o porque es incomprendido. Los motivos del sufrimiento son muchos. Jesús experimentó en este mundo la aflicción y la humillación. Tomó los sufrimientos humanos, los asumió en su carne, los vivió hasta el fondo uno por uno. Conoció todo tipo de aflicción, las morales y físicas: experimentó el hambre y el cansancio, la amargura de la incomprensión, fue traicionado y abandonado, flagelado y crucificado.

Pero al decir "bienaventurados los que lloran", Jesús no pretende declarar feliz una condición desfavorable y gravosa de la vida. El sufrimiento no es un valor en sí mismo, sino una realidad que Jesús nos enseña a vivir con la actitud justa. Existen, en efecto, formas justas y formas erróneas de vivir el dolor y el sufrimiento. Una actitud equivocada es la de vivir el dolor de manera pasiva, dejándose llevar por la inercia y resignándose. Tampoco la reacción de la rebelión y el rechazo es una actitud justa.

Jesús nos enseña a vivir el dolor aceptando la realidad de la vida, con confianza y esperanza, *poniendo el amor de Dios y del prójimo también en el sufrimiento*: el amor es lo que transforma todo.

La cruz de Jesús

El 14 de septiembre la Iglesia celebra la fiesta de la Exaltación de la Santa Cruz. Alguna persona no cristiana podría preguntarnos: ¿por qué "exaltar" la cruz? Podemos responder que no exaltamos *una* cruz cualquiera, o *todas* las cruces: exaltamos *la cruz de Jesús*, porque en ella se reveló al máximo el amor de Dios por la humanidad. Es lo que nos recuerda el Evangelio de Juan en la liturgia de hoy: "Tanto amó Dios al mundo que entregó a su Unigénito" (3, 16). El Padre "dio" al Hijo para salvarnos, y esto implicó la muerte de Jesús, y la muerte en la cruz. ¿Por qué? ¿Por qué fue necesaria la cruz? A causa de la gravedad del mal que nos esclavizaba. La cruz de Jesús expresa ambas cosas: toda la fuerza negativa del mal y toda la omnipotencia mansa de la misericordia de Dios. La cruz parece determinar el fracaso de Jesús, pero en realidad manifiesta su victoria. En el Calvario, quienes se burlaban de Él, le decían: "si eres el Hijo de Dios, baja de la cruz" (cfr. *Mt* 27, 40). Pero era verdadero lo contrario: precisamente porque era el Hijo de Dios estaba allí, en la cruz, fiel hasta el final al designio del amor del Padre. Y precisamente por eso Dios "exaltó" a Jesús (*Flp* 2, 9), confiriéndole una realeza universal.

Y cuando dirigimos la mirada a la cruz donde Jesús estuvo clavado, contemplamos el signo del amor, del amor infinito de Dios por cada uno de nosotros y la raíz de nuestra salvación. De esa cruz brota la misericordia del Padre, que abraza al mundo entero. Por medio de la cruz de Cristo ha sido vencido el maligno, ha sido derrotada la muerte, se nos ha dado la vida, devuelto la esperanza. La cruz de Jesús es nuestra única esperanza verdadera. Por eso la Iglesia "exalta" la Santa Cruz y también por eso nosotros, los cristianos, bendecimos con el signo de la cruz. En otras palabras, no exaltamos las cruces, sino la cruz gloriosa de Jesús, signo del amor inmenso de Dios, signo de nuestra salvación y camino hacia la Resurrección. Y ésta es nuestra esperanza.

Mientras contemplamos y celebramos la Santa Cruz, pensamos con conmoción en tantos hermanos y hermanas nuestros que son perseguidos y asesinados a causa de su fidelidad a Cristo. Esto sucede especialmente allí donde la libertad religiosa aún no está garantizada o plenamente realizada. Pero también sucede en países y ambientes que en principio protegen la libertad y los derechos humanos, pero donde concretamente los creyentes, y especialmente los cristianos, encuentran obstáculos y discriminación. Por eso hoy los recordamos y rezamos de modo particular por ellos.

En el Calvario, al pie de la cruz, estaba la Virgen María (cfr. *Jn* 19, 25-27). Es la Virgen de los Dolores, a la que mañana celebraremos en la liturgia. A ella encomiendo el presente y el futuro de la Iglesia.

25

LOS JÓVENES Y MARÍA

Las jóvenes generaciones

En ustedes veo, en estos momentos, el rostro de tantos chicos y jóvenes a los que llevo en el corazón, porque sé que son material de descarte, y por los que vale la pena trabajar sin descanso.

Me repito mucho en esto, pero evidentemente que se ha instalado la cultura del descarte. Lo que no sirve se tira. Se descartan los chicos porque no se los educa o no se les quiere. Los niveles de natalidad de algunas naciones desarrolladas son alarmantes. Se descarta a los ancianos —y acuérdense de lo que dije de chicos y ancianos en el futuro—, porque se ha instalado este sistema de eutanasia encubierta. Es decir, las obras sociales te cubren hasta aquí, y después muere. Descartan a los chicos, a los ancianos y ahora el nuevo descarte, toda una generación de jóvenes sin trabajo en países desarrollados. Se habla de 75 millones de jóvenes en países desarrollados, de 25 años para abajo, sin trabajo. Se descarta una generación de jóvenes. Esto nos obliga a salir y no dejar a los chicos solos, por lo menos eso. Y ése es nuestro trabajo.

Todos, pero especialmente los niños y los más jóvenes, tienen necesidad de un entorno adecuado, de un *hábitat* verdaderamente humano, en el que se den las condiciones para su desarrollo personal armónico y para su integración en el *hábitat* más grande de la sociedad. Qué importante resulta entonces el empeño por crear una "red" extensa y fuerte de lazos verdaderamente humanos, que sostenga a los niños, que los abra confiada y serenamente a la realidad, que sea un auténtico lugar de encuentro, en el que lo verdadero, lo bueno y lo bello se den en su justa armonía.

Un pueblo grande y sabio no se limita a respetar sus antiguas tradiciones, sino que valora también a los jóvenes, intentando transmitir la herencia del pasado aplicándola a los desafíos del tiempo presente. En este contexto, pienso que es muy importante para nosotros reflejar la necesidad de transmitir a nuestros jóvenes el don de la paz.

Vosotros sois el presente de la Iglesia

Pensemos ahora en la palabra "juventud". Ustedes y sus amigos están llenos del optimismo, de la energía y de la buena voluntad que caracteriza esta etapa de su vida. Dejen que Cristo transforme su natural optimismo en esperanza cristiana, su energía en virtud moral, su buena voluntad en auténtico amor, que sabe sacrificarse. Éste es el camino que están llamados a emprender. Éste es el camino para vencer todo lo que amenaza la esperanza, la virtud y el amor en su vida y en su cultura. Así su juventud será un don para Jesús y para el mundo.

Como jóvenes cristianos, ya sean trabajadores o estudiantes, hayan elegido una carrera o hayan respondido a la llamada al matrimonio, a la vida religiosa o al sacerdocio, no sólo forman parte del *futuro* de la Iglesia: son también una parte necesaria y apreciada del *presente* de la Iglesia. Ustedes son el presente de la Iglesia. Permanezcan unidos unos a otros, cada vez más cerca de Dios, y junto a sus obispos y sacerdotes dediquen estos años a edificar una Iglesia más santa, más misionera y humilde.

El camino del coraje

¡Ánimo! Ésta es una virtud y una actitud de los jóvenes. El mundo necesita jóvenes valientes, no temerosos. Jóvenes que se muevan por las calles y no que estén inertes: con jóvenes inertes no vamos adelante. Jóvenes que tengan siempre un horizonte para seguir adelante y no jóvenes que se jubilan. ¡Es triste! Es triste ver un joven jubilado. No, el joven debe seguir adelante por esta senda de valentía. ¡Adelante! Ésta será vuestra victoria, vuestro trabajo para ayudar a cambiar este mundo, a hacerlo mucho mejor. Ésta es vuestra tarea: construir una ciudad nueva. Siempre adelante con una ciudad nueva: con la verdad, la bondad, la belleza que el Señor nos ha dado.

No tengáis miedo, no os dejéis robar la esperanza. La vida es vuestra. Es vuestra para hacerla florecer, para dar frutos a todos. La humanidad nos mira y os mira también a vosotros en este camino de valentía. Y recordadlo: la jubilación llega a los 65 años. Un joven no debe jubilarse, jamás. Debe ir con valentía hacia adelante.

Aspirad a las cosas grandes

El corazón del ser humano aspira a cosas grandes, a valores importantes, a amistades profundas, a vínculos que se fortalecen con las pruebas de la vida en lugar de romperse. El ser humano aspira a amar y a ser amado. Ésta es nuestra aspiración más profunda: amar y ser amado definitivamente. La cultura de lo provisional no exalta nuestra libertad, sino que nos priva de nuestro verdadero destino, de las metas más verdaderas y auténticas. Es una vida a pedazos. Es triste llegar a cierta edad, mirar el camino que hemos recorrido y darnos cuenta de que lo hemos recorrido por tramos diferentes, sin unidad, sin opción definitiva: todo provisional... No os dejéis robar el deseo de construir en vuestra vida cosas grandes y sólidas. Esto es lo que os lleva adelante. No os contentéis con metas pequeñas. Aspirad a la felicidad, tened valentía, la valentía de salir de vosotros mismos, y de jugaros plenamente vuestro futuro junto con Jesús.

Solos no podemos lograrlo. Frente a la presión de los acontecimientos y las modas, solos jamás lograremos encontrar el camino justo, y aunque lo encontráramos, no tendríamos suficiente fuerza para perseverar, para afrontar las subidas y los obstáculos imprevistos. Y aquí está la invitación del Señor Jesús: "Si quieres... sígueme". Nos invita para acompañarnos en el camino, no para explotarnos, no para convertirnos en esclavos, sino para hacernos libres. En esta libertad, nos invita para acompañarnos en el camino. Es así. Sólo *junto a Jesús*, invocándolo y siguiéndolo, tenemos una visión clara y fuerza para llevarla adelante. Él nos ama definitivamente, nos ha elegido definitivamente, se ha entregado definitivamente a cada uno de nosotros. Es nuestro defensor y hermano mayor, y será nuestro único juez. ¡Cuán bello es afrontar las vicisitudes de la existencia en compañía de Jesús, tener con nosotros su Persona y su mensaje! Él no quita autonomía o libertad; al contrario, fortaleciendo nuestra fragilidad, nos permite ser verdaderamente libres, libres para hacer el bien, fuertes para seguir haciéndolo, capaces de perdonar y capaces de pedir perdón. Éste es Jesús, que nos acompaña, así es el Señor.

Me gusta repetir esta expresión porque la olvidamos a menudo: Dios no se cansa de perdonar. Esto es verdad. Es tan grande su amor, que siempre está cerca de nosotros. Somos nosotros los que nos cansamos de pedir perdón, pero Él perdona siempre, todas las veces que se lo pedimos.

Él perdona definitivamente, borra y olvida nuestro pecado, si nos dirigimos a Él con humildad y confianza. Nos ayuda a no desanimarnos ante las dificultades, a no considerarlas insuperables, y entonces, confiando en Él, echaréis nuevamente las redes para una pesca sorprendente y abundante, tendréis valentía y esperanza incluso para afrontar las dificultades derivadas de los efectos de la crisis económica. La valentía y la esperanza son dotes de todos, pero en particular son propias de los jóvenes: valentía y esperanza. Ciertamente, el futuro está en las manos de Dios, las manos de un Padre providente. Esto no significa negar las dificultades y los problemas, sino verlos, eso sí, como pasajeros y superables. Las dificultades, las crisis, con la ayuda de Dios y la buena voluntad de todos, se pueden superar, vencer, transformar.

No quiero terminar sin decir una palabra sobre un problema que os afecta, un problema que vivís en la actualidad: el desempleo. Es triste encontrar a jóvenes "ni-ni". ¿Qué significa este "ni-ni"? *Ni* estudian, porque no pueden, no tienen la posibilidad, *ni* trabajan. Y éste es el desafío que comunitariamente todos nosotros debemos vencer. Debemos ir adelante para vencer este desafío. No podemos resignarnos a perder toda una generación de jóvenes que no tiene la fuerte dignidad del trabajo. El trabajo nos da dignidad, y todos debemos hacer lo posible para que no se pierda una generación de jóvenes. Desarrollar nuestra creatividad para que los jóvenes sientan la alegría de la dignidad que proviene del trabajo. Una generación sin trabajo es una derrota futura para la patria y para la humanidad. Debemos luchar contra esto. Y ayudarnos unos a otros para encontrar un medio de solución, de ayuda, de solidaridad. Los jóvenes son valientes, lo he dicho, los jóvenes tienen esperanza y —tercero— los jóvenes tienen la capacidad de ser solidarios. Y *solidaridad* es una palabra que al mundo de hoy no le gusta oír. Algunos piensan que es una mala palabra. No, no es una mala palabra, es una palabra *cristiana*: ir adelante con el hermano para ayudarle a superar los problemas. Valientes, con esperanza y con solidaridad.

26

MARÍA, ICONO DE LA JOYA

La joya es armonía

Queridas familias, ustedes lo saben bien: la verdadera alegría que se disfruta en familia no es algo superficial, no viene de las cosas, de las circunstancias favorables... la verdadera alegría viene de la armonía profunda entre las personas, que todos experimentan en su corazón y que nos hace sentir la belleza de estar juntos, de sostenerse mutuamente en el camino de la vida. En el fondo de este sentimiento de alegría profunda está la presencia de Dios, la presencia de Dios en la familia, está su amor acogedor, misericordioso, respetuoso hacia todos. Y sobre todo, un amor paciente: la paciencia es una virtud de Dios y nos enseña, en familia, a tener este amor paciente, el uno por el otro. Tener paciencia entre nosotros. Amor paciente. Sólo Dios sabe crear la armonía de las diferencias. Si falta el amor de Dios, también la familia pierde la armonía, prevalecen los individualismos, y se apaga la alegría. Por el contrario, la familia que vive la alegría de la fe la comunica espontáneamente, es sal de la tierra y luz del mundo, es levadura para toda la sociedad.

Queridas familias, vivan siempre con fe y simplicidad, como la Sagrada Familia de Nazaret. ¡La alegría y la paz del Señor esté siempre con ustedes!

Compartir la joya

María, que había experimentado la bondad de Dios, proclamó las grandezas que Él había hecho con Ella (cfr. *Lc* 1, 46-55). Ella no confió en sus propias fuerzas, sino en Dios, cuyo amor no tiene fin. Por eso permaneció junto a su Hijo, al que todos habían abandonado; rezó sin desfallecer junto a los apóstoles y demás discípulos, para que no perdieran el ánimo (cfr. *Hch* 1, 14). También nosotros estamos llamados a permanecer en el amor de Dios y a permanecer amando a los demás. En este mundo, en el que se desechan los valores imperecederos y todo es mudable, en donde triunfa el usar y tirar, en el que parece que se tiene miedo a los compromisos de por vida, la Virgen nos alienta a ser hombres y mujeres constantes en el buen obrar, que mantienen su palabra, que son siempre fieles. Y esto porque confiamos en Dios y ponemos en Él el centro de nuestra vida y la de aquellos a quienes queremos.

Tener alegría y compartirla con los que nos rodean. Levantar el corazón y no sucumbir ante las adversidades, permanecer en el camino del bien, ayudando infatigablemente a los que están oprimidos por penas y aflicciones: he aquí las lecciones importantes que nos enseña la Virgen de la Caridad del Cobre, útiles para el hoy y el mañana. En sus maternas manos pongo a los pastores, comunidades religiosas y fieles de Cuba, para que Ella aliente su compromiso evangelizador y su voluntad de hacer del amor el cimiento de la sociedad. Así no faltará alegría para vivir, ánimo para servir y perseverancia en las buenas obras.

El cristiano no puede ser pesimista

Queridos amigos, si caminamos en la esperanza, dejándonos sorprender por el vino nuevo que nos ofrece Jesús, ya hay alegría en nuestro corazón y no podemos dejar de ser testigos de esta alegría. El cristiano es alegre, nunca triste. Dios nos acompaña. Tenemos una Madre que intercede siempre por la vida de sus hijos, por nosotros, como la reina Esther en la Primera Lectura (cfr. *Est* 5, 3). Jesús nos ha mostrado que el rostro de Dios es el de un Padre que nos ama. El pecado y la muerte han sido vencidos. El cristiano no puede ser pesimista. No tiene el aspecto de quien parece estar de luto perpetuo. Si estamos verdaderamente enamorados de Cristo y sentimos cuánto nos ama, nuestro corazón se "inflamará" de tanta alegría que contagiará a cuantos viven a nuestro alrededor. Como decía Benedicto XVI, aquí, en este Santuario: "El discípulo sabe que sin Cristo no hay luz, no hay esperanza, no hay amor, no hay futuro" (*Discurso Inaugural de la V Conferencia general del Episcopado Latinoamericano y del Caribe*, Aparecida, 13 de mayo 2007: Insegnamenti III/1 [2007], p. 861).

El bien es premio en sí mismo

El bien es premio en sí mismo y nos acerca a Dios, Sumo Bien. Nos hace pensar como Él, nos hace ver la realidad de nuestra vida a la luz de su proyecto de amor para cada uno de nosotros, nos permite disfrutar de las pequeñas alegrías de cada día y nos sostiene en las dificultades y en las pruebas. El bien paga infinitamente mejor que el dinero, que nos defrauda porque hemos sido creados para recibir y comunicar el amor de Dios, y no para medir las cosas por el dinero y el poder, que es el peligro que nos mata a todos.

27

MARÍA, ICONO DE BELLEZA

Contemplar a María

Este segundo domingo de Adviento cae en el día de la fiesta de la Inmaculada Concepción de María, y así nuestra mirada es atraída por la belleza de la Madre de Jesús, nuestra Madre. Con gran alegría la Iglesia la contempla "llena de gracia" (*Lc* 1, 28), y comenzando con estas palabras la saludamos todos juntos: "llena de gracia". Digamos tres veces: "Llena de gracia". Todos: ¡Llena de gracia! ¡Llena de gracia! ¡Llena de gracia! Así, Dios la miró desde el primer instante en su designio de amor. La miró bella, llena de gracia. ¡Es hermosa nuestra Madre!

El Evangelio de san Lucas nos presenta a María, una muchacha de Nazaret, pequeña localidad de Galilea, en la periferia del Imperio romano y también en la periferia de Israel. Un pueblito. Sin embargo en ella, la muchacha de aquel pueblito lejano, sobre ella, se posó la mirada del Señor, que la eligió para ser la madre de su Hijo. En vista de esta maternidad, María fue preservada del pecado original, o sea de la fractura en la comunión con Dios, con los demás y con la creación que hiere profundamente a todo ser humano. Pero esta fractura fue sanada anticipadamente en la Madre de Aquel que vino a liberarnos de la esclavitud del pecado. La Inmaculada está inscrita en el designio de Dios; es fruto del amor de Dios que salva al mundo.

La Virgen no se alejó jamás de ese amor: toda su vida, todo su ser es un "sí" a ese amor, es un "sí" a Dios. Ciertamente, no fue fácil para ella. Cuando el Ángel la llamó "llena de gracia" (*Lc* 1, 28), ella "se turbó grandemente", porque en su humildad se sintió nada ante Dios. El Ángel la consoló: "No temas, María, porque has encontrado gracia ante Dios. Concebirás en tu vientre y darás a luz un hijo, y le pondrás por nombre Jesús" (vv. 30-31). Este anuncio la confunde aún más, también porque todavía no se había casado con José; pero el Ángel añade: "El Espíritu Santo vendrá sobre ti y la fuerza del Altísimo te cubrirá con su sombra. Por eso el Santo que va a nacer será llamado Hijo de Dios" (v. 35). María escucha, obedece interiormente y responde: "He aquí la esclava del Señor; hágase en mí según tu palabra" (v. 38).

El misterio de esta muchacha de Nazaret, que está en el corazón de Dios, no nos es extraño. No está ella allá y nosotros aquí. No, estamos conectados. De hecho, Dios posa su mirada de amor sobre cada hombre y cada mujer, con nombre y apellido. Su mirada de amor está sobre cada uno de nosotros. El apóstol Pablo afirma que Dios "nos eligió en Cristo antes de la fundación del mundo, para que fuéramos santos e intachables" (*Ef* 1, 4). También nosotros, desde siempre, hemos sido elegidos por Dios para vivir una vida santa, libre del pecado. Es un proyecto de amor que Dios renueva cada vez que nosotros nos acercamos a Él, especialmente en los Sacramentos.

En esta fiesta, entonces, contemplando a nuestra Madre Inmaculada, bella, reconozcamos también nuestro destino verdadero, nuestra vocación más profunda: ser amados, ser transformados por el amor, ser transformados por la belleza de Dios. Mirémosla a ella, nuestra Madre, y dejémonos mirar por ella, porque es nuestra Madre y nos quiere mucho; dejémonos mirar por ella para aprender a ser más humildes, y también más valientes en el seguimiento de la Palabra de Dios; para acoger el tierno abrazo de su Hijo Jesús, un abrazo que nos da vida, esperanza y paz.

Con un Niño entre sus brazos

Pongamos ante los ojos de la mente el icono de María Madre que va con el Niño Jesús en brazos. Lo lleva al Templo, lo lleva al pueblo, lo lleva a encontrarse con su pueblo.

Los brazos de su Madre son como la "escalera" por la que el Hijo de Dios baja hasta nosotros, la escalera de la condescendencia de Dios. Lo hemos oído en la primera Lectura, tomada de la Carta a los Hebreos: Cristo "tenía que parecerse en todo a sus hermanos, para ser sumo sacerdote compasivo y fiel" (2, 17). Es el doble camino de Jesús: bajó, se hizo uno de nosotros, para subirnos con Él al Padre, haciéndonos semejantes a Él.

Este movimiento lo podemos contemplar en nuestro corazón imaginando la escena del Evangelio: María que entra en el templo con el Niño en brazos. La Virgen es la que va caminando, pero su Hijo va delante de ella. Ella lo lleva, pero es Él quien la lleva a Ella por ese camino de Dios, que viene a nosotros para que nosotros podamos ir a Él. Jesús ha recorrido nuestro camino, y nos ha mostrado el "camino nuevo y vivo" (cfr. *Hb* 10, 20) que es Él mismo. Y para nosotros, los consagrados, éste es el único camino que, de modo concreto y sin alternativas, tenemos que recorrer con alegría y perseverancia.

Hasta en cinco ocasiones insiste el Evangelio en la obediencia de María y José a la "Ley del Señor" (cfr. *Lc* 2, 22. 23. 24. 27. 39). Jesús no vino para hacer su voluntad, sino la voluntad del Padre, y esto —dijo Él— era su "alimento" (cfr. *Jn* 4, 34). Así, quien sigue a Jesús se pone en el camino de la obediencia, imitando la "condescendencia" del Señor, postrarse y haciendo suya la voluntad del Padre, incluso hasta la negación y la humillación de sí mismo (cfr. *Flp* 2, 7-8). Para un religioso, caminar significa postrarse en el servicio, es decir, recorrer el mismo camino de Jesús, que "no retuvo ávidamente el ser igual a Dios" (*Flp* 2, 6). Rebajarse haciéndose siervo para servir.

Y este camino adquiere la forma de la regla, que recoge el carisma del fundador, sin olvidar que la regla insustituible, para todos, es siempre el Evangelio. El Espíritu Santo, en su infinita creatividad, lo traduce también en diversas reglas de vida consagrada que nacen todas de la sequela Christi, es decir, de este camino de postrarse sirviendo.

Mediante esta "ley" los consagrados pueden alcanzar la sabiduría, que no es una actitud abstracta sino obra y don del Espíritu Santo. Y signo evidente de esa sabiduría es la alegría. Sí, la alegría evangélica del religioso es consecuencia del camino de postrarse con Jesús... Y cuando estamos tristes, nos vendrá bien preguntarnos: "¿Cómo estoy viviendo esta dimensión kenótica?"

En el relato de la Presentación de Jesús, la sabiduría está representada por los dos ancianos, Simeón y Ana: personas dóciles al Espíritu Santo (se los nombra tres veces), guiadas por Él, animadas por Él. El Señor les concedió la sabiduría tras un largo camino de obediencia a su ley. Obediencia que, por una parte, humilla y abate, pero que por otra parte levanta y custodia la esperanza, haciéndolos creativos, porque estaban llenos de Espíritu Santo. Celebran incluso una especie de liturgia en torno al Niño cuando entra en el templo: Simeón alaba al Señor y Ana "predica" la salvación (cfr. *Lc* 2, 28-32. 38). Como María, también el anciano lleva al Niño en sus brazos, pero, en realidad, es el Niño quien toma y guía al anciano. La liturgia de las primeras Vísperas de la Fiesta de hoy lo expresa con claridad y belleza: "*Senex puerum portabat, puer autem senem regebat*". Tanto María, joven madre, como Simeón, anciano "abuelo", llevan al Niño en brazos, pero es el mismo Niño quien los guía a ellos.

Es curioso advertir que, en esta ocasión, los creativos no son los jóvenes sino los ancianos. Los jóvenes, como María y José, siguen la ley del Señor a través de la obediencia; los ancianos, como Simeón y Ana, ven en el Niño el cumplimiento de la Ley y las promesas de Dios. Y son capaces de hacer fiesta: son creativos en la alegría, en la sabiduría.

Y el Señor transforma la obediencia en sabiduría con la acción de su Espíritu Santo.

28

MARÍA, MADRE DE LA EVANGELIZACIÓN

Una Iglesia en salida

A veces, también en la Iglesia nos abandonamos al pesimismo, que amenaza con privar del anuncio del Evangelio a tantos hombres y mujeres. ¡Vayamos adelante con esperanza! Los numerosos misioneros mártires de la fe y de la caridad nos indican que la victoria está sólo en el amor y en una vida entregada por el Señor y por el prójimo, comenzando por los pobres. Los pobres son los compañeros de viaje de una Iglesia en salida, porque son los primeros a quienes encuentra. Los pobres también son vuestros evangelizadores, porque os indican las periferias donde el Evangelio aún debe anunciarse y vivirse. Salir es no permanecer indiferente ante la miseria, la guerra, la violencia de nuestras ciudades, el abandono de los ancianos, el anonimato de mucha gente necesitada y la distancia de los pequeños. Salir es no tolerar que en nuestras ciudades cristianas haya tantos niños que no saben hacer la señal de la cruz. Esto es salir. Salir es ser agente de paz, la "paz" que el Señor nos da cada día y que el mundo tanto necesita.

Gratuidad y creatividad

La Iglesia está llamada a recorrer una nueva etapa de la evangelización, testimoniando el amor de Dios por cada persona humana, comenzando por los más pobres y excluidos, y a hacer crecer con la esperanza, la fraternidad y la alegría el camino de la humanidad hacia la unidad.

Salir como Jesús salió del seno del Padre para anunciar la palabra del amor a todos, hasta entregarse totalmente a sí mismo en el madero de la cruz. Debemos aprender de Él, de Jesús, esta "dinámica del éxodo y del don, del salir de sí, del caminar y sembrar siempre de nuevo, siempre más allá" (*Evangelii gaudium*, 21), para comunicar generosamente a todos el amor de Dios con respeto, y como nos enseña el Evangelio: "Gratis lo recibisteis; dadlo gratis" (*Mt* 10, 8). Éste es el sentido de la gratuidad: porque la Redención se realizó gratuitamente. El perdón de los pecados no se puede "pagar". Lo "pagó" Cristo una vez, por todos. Debemos actuar la gratuidad de la Redención con los hermanos y las hermanas. Dar con gratuidad, gratuitamente, lo que hemos recibido. Y la gratuidad va de la mano de la creatividad: las dos van juntas.

Para hacer esto es preciso convertirse en expertos en ese arte que se llama "diálogo" y que no se aprende fácilmente. San Juan Pablo II, en la carta apostólica *Novo millennio ineunte*, invitó a toda la Iglesia a convertirse en "la casa y la escuela de la comunión" (cfr. n. 43).

Es preciso formar, como exige el Evangelio, a hombres y mujeres nuevos, y para ello es necesaria una escuela de humanidad a medida de la humanidad de Jesús. En efecto,

Él es el hombre nuevo al que los jóvenes pueden mirar en todos los tiempos, del que pueden enamorarse, cuyo camino pueden seguir para afrontar los desafíos que tenemos delante. Sin un trabajo adecuado de formación de las nuevas generaciones es ilusorio pensar en la realización de un proyecto serio y duradero al servicio de una nueva humanidad.

La Iglesia no es una ONG

Es un camino que se hace y se debe hacer, y nosotros tenemos la gracia aún de poder hacerlo. La conversión no es fácil, porque es cambiar la vida, cambiar de método, cambiar muchas cosas, incluso cambiar el alma. Pero este camino de conversión nos dará la identidad de un pueblo que sabe engendrar a los hijos, no un pueblo estéril. Si nosotros como Iglesia no sabemos engendrar hijos, algo no funciona. El desafío mayor de la Iglesia hoy es convertirse en madre: ¡madre! No una ONG bien organizada, con muchos planes pastorales. La identidad de la Iglesia es ésta: evangelizar, es decir, engendrar hijos.

Pero para ello la Iglesia debe hacer algo, debe cambiar, debe convertirse para llegar a ser madre. ¡Debe ser fecunda! La fecundidad es la gracia que nosotros hoy debemos pedir al Espíritu Santo, para que podamos seguir adelante en nuestra conversión pastoral y misionera.

Compasión e identidad

No estamos en la cristiandad, ya no. Hoy ya no somos los únicos que producen cultura, ni los primeros, ni los más escuchados. Necesitamos, por lo tanto, un cambio de mentalidad pastoral, pero no de una "pastoral relativista" —no, esto no— que por querer estar presente en la "cocina cultural" pierde el horizonte evangélico, dejando al hombre confiado en sí mismo y emancipado de la mano de Dios. No, esto no. Ésta es la senda relativista, la más cómoda. Esto no se podría llamar pastoral. Quien actúa así no tiene auténtico interés por el hombre, sino que lo deja a la deriva de dos peligros igualmente graves: le ocultan a Jesús y la verdad sobre el hombre mismo. ¡Y esconder a Jesús y la verdad sobre el hombre son peligros graves! Camino que lleva al hombre a la soledad de la muerte (cfr. *Evangelii gaudium*, 93-97).

Hay que tener el valor de realizar una pastoral evangelizadora audaz y sin temores. Y para el diálogo evangelizador es necesaria la conciencia de la propia identidad cristiana y también la empatía con la otra persona.

Jesús al centro

La verdad es la persona de Jesucristo. El ejemplo de san Andrés que, junto con otro discípulo, aceptó la invitación del Divino Maestro: "Venid y veréis", y "se quedaron con él aquel día" (*Jn* 1, 39), nos muestra claramente que la vida cristiana es una experiencia personal, un encuentro transformador con Aquel que nos ama y que nos quiere salvar. También el anuncio cristiano se propaga gracias a personas que, enamoradas de Cristo, no pueden dejar de transmitir la alegría de ser amadas y salvadas. Una vez más, el ejemplo del Apóstol Andrés es esclarecedor. Él, después de seguir a Jesús hasta donde habitaba y haberse quedado con él, "encontró primero a su hermano Simón y le dijo: 'Hemos encontrado al Mesías' (que significa Cristo). Y lo llevó a Jesús" (*Jn* 1, 40-42). Por tanto, está claro que tampoco el diálogo entre cristianos puede sustraerse a esta lógica del encuentro personal.

29

LA VIRGEN DE LA PRONTITUD

La Virgen de la prontitud

Hoy, al final del mes de María, es la fiesta en la que recordamos la visita que ha hecho a santa Isabel. El Evangelio nos dice que, después del anuncio del Ángel, ella fue deprisa, no perdió tiempo, fue a servir enseguida. Es la Virgen de la prontitud, la Virgen de la prontitud. Enseguida está lista para venir en nuestra ayuda cuando le rezamos, cuando nosotros pedimos su ayuda, su protección a nuestro favor. En los muchos momentos de la vida en los que necesitemos su ayuda, de su protección, recordemos que ella no se hace esperar: es la Virgen de la prontitud, va enseguida a servir.

Ave María

En el silencio del obrar cotidiano, san José, juntamente con María, tienen un solo centro común de atención: Jesús. Ellos acompañan y custodian, con dedicación y ternura, el crecimiento del Hijo de Dios hecho hombre por nosotros, reflexionando acerca de todo lo que sucedía. En los Evangelios, san Lucas destaca dos veces la actitud de

María, que es también la actitud de san José: "Conservaba todas estas cosas, meditándolas en su corazón" (2, 19. 51). Para escuchar al Señor es necesario aprender a contemplarlo, a percibir su presencia constante en nuestra vida; es necesario detenerse a dialogar con Él, dejarle espacio en la oración. Cada uno de nosotros, también vosotros, muchachos, muchachas, jóvenes, tan numerosos esta mañana, debería preguntarse: ¿qué espacio dejo al Señor? ¿Me detengo a dialogar con Él? Desde que éramos pequeños, nuestros padres nos acostumbraron a iniciar y a terminar el día con una oración, para educarnos a sentir que la amistad y el amor de Dios nos acompañan. Recordemos más al Señor en nuestras jornadas.

Y en este mes de mayo desearía recordar la importancia y la belleza de la oración del Santo Rosario. Recitando el Ave María, se nos conduce a contemplar los misterios de Jesús, a reflexionar sobre los momentos centrales de su vida, para que, como para María y san José, Él sea el centro de nuestros pensamientos, de nuestras atenciones y acciones. Sería hermoso si, sobre todo en este mes de mayo, se recitara el Santo Rosario o alguna oración a la Virgen María juntos en familia, con los amigos, en la parroquia. La oración que se hace juntos es un momento precioso para hacer aún más sólida la vida familiar, la amistad. Aprendamos a rezar más en familia y como familia.

Queridos hermanos y hermanas, pidamos a san José y a la Virgen María que nos enseñen a ser fieles a nuestros compromisos cotidianos, a vivir nuestra fe en las acciones de cada día y a dejar más espacio al Señor en nuestra vida, a detenernos para contemplar su rostro.

LAS ORACIONES
DE FRANCISCO A MARÍA

Audiencia General, 8 de octubre de 2014

Madre del silencio, que custodia el misterio de Dios, líbranos de la idolatría del presente, a la que se condena quien olvida. Purifica los ojos de los Pastores con el colirio de la memoria: volveremos a la lozanía de los orígenes, por una Iglesia orante y penitente.

Madre de la belleza, que florece de la fidelidad al trabajo cotidiano, despiértanos del torpor de la pereza, de la mezquindad y del derrotismo. Reviste a los Pastores de esa compasión que unifica e integra: descubriremos la alegría de una Iglesia sierva, humilde y fraterna.

Madre de la ternura, que envuelve de paciencia y de misericordia, ayúdanos a quemar tristezas, impaciencias y rigidez de quien no conoce pertenencia.

Intercede ante tu Hijo para que sean ágiles nuestras manos, nuestros pies y nuestro corazón: edificaremos la Iglesia con la verdad en la caridad.

Madre, seremos el Pueblo de Dios, peregrino hacia el Reino. Amén

Oración a la Sagrada Familia

Jesús, María y José
en vosotros contemplamos
el esplendor del verdadero amor,
a vosotros, confiados, nos dirigimos.
Santa Familia de Nazaret,
haz también de nuestras familias
lugar de comunión y cenáculo de oración,
auténticas escuelas del Evangelio
y pequeñas Iglesias domésticas.
Santa Familia de Nazaret,
que nunca más haya en las familias episodios
de violencia, de cerrazón y división;
que quien haya sido herido o escandalizado
sea pronto consolado y curado.
Santa Familia de Nazaret,
que el próximo Sínodo de los Obispos
haga tomar conciencia a todos
del carácter sagrado e inviolable de la familia,
de su belleza en el proyecto de Dios.
Jesús, María y José,
escuchad, acoged nuestra súplica.

Acto de consagración a María durante la Santa Misa en ocasión de la Jornada Mariana del Año de la Fe

Bienaventurada María Virgen de Fátima,
con renovada gratitud por tu presencia maternal

unimos nuestra voz a la de todas las generaciones
que te llaman bienaventurada.
Celebramos en ti las grandes obras de Dios,
que nunca se cansa de inclinarse con misericordia
hacia la humanidad,
afligida por el mal y herida por el pecado,
para curarla y salvarla.
Acoge con benevolencia de Madre
el acto de consagración que hoy hacemos con confianza,
ante esta imagen tuya tan querida por nosotros.
Estamos seguros de que cada uno de nosotros es
precioso a tus ojos
y que nada de lo que habita en nuestros corazones es
ajeno a ti.
Nos dejamos alcanzar por tu dulcísima mirada
y recibimos la consoladora caricia de tu sonrisa.
Custodia nuestra vida entre tus brazos:
bendice y refuerza todo deseo de bien;
reaviva y alimenta la fe;
sostén e ilumina la esperanza;
suscita y anima la caridad;
guíanos a todos nosotros por el camino de la santidad.
Enséñanos tu mismo amor de predilección
por los pequeños y los pobres,
por los excluidos y los que sufren,
por los pecadores y los extraviados de corazón:
congrega a todos bajo tu protección
y entrégalos a todos a tu dilecto Hijo, el Señor nuestro
Jesús.
Amén.

Oración con ocasión del Sínodo sobre la Familia

Virgen y Madre María,
tú que, movida por el Espíritu,
acogiste al Verbo de la vida
en la profundidad de tu humilde fe,
totalmente entregada al Eterno,
ayúdanos a decir nuestro "sí"
ante la urgencia, más imperiosa que nunca,
de hacer resonar la Buena Noticia de Jesús.
Tú, llena de la presencia de Cristo,
llevaste la alegría a Juan el Bautista,
haciéndolo exultar en el seno de su madre.
Tú, estremecida de gozo,
cantaste las maravillas del Señor.
Tú, que estuviste plantada ante la cruz
con una fe inquebrantable
y recibiste el alegre consuelo de la resurrección,
recogiste a los discípulos en la espera del Espíritu
para que naciera la Iglesia evangelizadora.
Consíguenos ahora un nuevo ardor de resucitados
para llevar a todos el Evangelio de la vida
que vence a la muerte.
Danos la santa audacia de buscar nuevos caminos
para que llegue a todos
el don de la belleza que no se apaga.
Tú, Virgen de la escucha y la contemplación,
madre del amor, esposa de las bodas eternas,
intercede por la Iglesia, de la cual eres el icono purísimo,
para que ella nunca se encierre ni se detenga

en su pasión por instaurar el Reino.
Estrella de la nueva evangelización,
ayúdanos a resplandecer en el testimonio de la
    comunión,
del servicio, de la fe ardiente y generosa,
de la justicia y el amor a los pobres,
para que la alegría del Evangelio
llegue hasta los confines de la tierra
y ninguna periferia se prive de su luz.
Madre del Evangelio viviente,
manantial de alegría para los pequeños,
ruega por nosotros.
Amén. Aleluya.

Oración a la Inmaculada

Virgen Santa e Inmaculada,
a Ti, que eres el orgullo de nuestro pueblo
y el amparo maternal de nuestra ciudad,
nos acogemos con confianza y amor.
Eres toda belleza, María.
En Ti no hay mancha de pecado.
Renueva en nosotros el deseo de ser santos:
que en nuestras palabras resplandezca la verdad,
que nuestras obras sean un canto a la caridad,
que en nuestro cuerpo y en nuestro corazón brillen la
    pureza y la castidad,
que en nuestra vida se refleje el esplendor del
    Evangelio.

Eres toda belleza, María.
En Ti se hizo carne la Palabra de Dios.
Ayúdanos a estar siempre atentos a la voz del Señor:
que no seamos sordos al grito de los pobres,
que el sufrimiento de los enfermos y de los oprimidos
no nos encuentre distraídos,
que la soledad de los ancianos y la indefensión de los
niños no nos dejen indiferentes,
que amemos y respetemos siempre la vida humana.
Eres toda belleza, María.
En Ti vemos la alegría completa de la vida dichosa con
Dios.
Haz que nunca perdamos el rumbo en este mundo:
que la luz de la fe ilumine nuestra vida,
que la fuerza consoladora de la esperanza dirija
nuestros pasos,
que el ardor entusiasta del amor inflame nuestro
corazón,
que nuestros ojos estén fijos en el Señor, fuente de la
verdadera alegría.
Eres toda belleza, María.
Escucha nuestra oración, atiende a nuestra súplica:
que el amor misericordioso de Dios en Jesús nos
seduzca,
que la belleza divina nos salve, a nosotros, a nuestra
ciudad y al mundo entero.
Amén.

ÍNDICE DE LAS FUENTES

Capítulo 1

Capítulo 2

Capítulo 3

- Video-mensaje con ocasión de la vigilia en el Santuario del Divino Amor de Roma, 12 de octubre de 2016.
- Misa a Santa Marta, 4 de marzo de 2014.
- Mensaje con ocasión de la XXIX Jornada Mundial de la Juventud, Vaticano, 21 de enero de 2014.

Capítulo 4

- Mensaje con ocasión de la XXIX Jornada Mundial de la Juventud, Vaticano, 21 de enero de 2014.
- Mensaje para la Cuaresma 2014, 26 de diciembre de 2013.
- Homilía con ocasión de la visita pastoral a las diócesis de Campobasso-Boiano e Isernia, 5 de julio de 2014.

Capítulo 5

- Entrevista para *La Vanguardia*, 13 de junio de 2014.
- Ángelus, 6 de julio de 2014.
- Mensaje con ocasión de la Jornada Mundial del Migrante y del Refugiado 2014, 5 de agosto de 2013.
- Discurso con ocasión del encuentro con los Obispos de Corea durante el viaje en Corea para la VI Jornada de la Juventud Asiática, 14 de agosto de 2014.

Mujer, organizado por la Congregación para la Doctrina de la Fe, Aula del Sínodo, 17 de noviembre de 2014.

- Discurso a los Obispos de la Conferencia Episcopal de México en visita *ad limina apostolorum*, 19 de mayo de 2014.
- Santa Misa con el Rito del Matrimonio, Homilía, basílica vaticana, 14 de septiembre de 2014.
- Audiencia (discurso) a los participantes de la Asamblea Nacional de la Conferencia Italiana de Superiores Mayores (CISM), 7 de noviembre de 2014.
- Discurso al Bice, 10 de abril de 2014.
- Encuentro con los jóvenes de Umbría, plaza de la basílica de Santa María de los Ángeles, Assisi, 4 de octubre de 2013.
- Santa Misa con el Rito del Matrimonio, Homilía, basílica vaticana, 14 de septiembre de 2014.

Capítulo 10

- Ángelus, 12 de octubre de 2014.
- Discurso en la clausura de la III Asamblea General Extraordinaria del Sínodo de los Obispos, 18 de octubre de 2014.
- Discurso en la clausura de la III Asamblea General Extraordinaria del Sínodo de los Obispos, 18 de octubre de 2014.

Capítulo 11

- Al final del almuerzo con los participantes de un seminario internacional sobre la propuesta "Por una economía cada vez más inclusiva", 12 de julio de 2014.
- Discurso al Movimiento por la Vida italiano, 11 de abril de 2014.
- Discurso a la Asociación de Médicos Católicos Italianos, 15 de noviembre de 2014.

Capítulo 12

- Encuentro con los refugiados y los jóvenes discapacitados con ocasión de la peregrinación a Tierra Santa, 24 de mayo de 2014.
- Discurso a los participantes en el congreso de la Sociedad Italiana de Cirugía Oncológica "Digestive surgery new trends and spending reviews", 12 de abril de 2014.
- Ángelus, plaza de San Pedro, 9 de noviembre de 2014.

Capítulo 13

- Encuentro con los reclusos del centro penitenciario de Isernia, 5 de julio de 2014.
- Regina Coeli, 21 de abril de 2014.
- Celebración de las vísperas con la Comunidad de las Monjas Benedictinas Camaldulenses, monasterio de

- Viaje apostólico del Santo Padre Francisco a Turquía, Divina Liturgia, iglesia patriarcal de San Jorge, Estambul, 30 de noviembre de 2014.

Capítulo 29

- Rezo del Santo Rosario como conclusión del mes mariano, palabra del Santo Padre Francisco al final de la vigilia mariana, Cueva de Lourdes-jardines del Vaticano, 31 de mayo de 2014.
- Audiencia general, 1 de mayo de 2013.

ÍNDICE

Cronología esencial de la vida

1936   *17 de diciembre.* Jorge Mario Bergoglio nace en Buenos Aires de una familia oriunda de Asti (Turín, Italia).

1957   Después de graduarse como licenciado en química, escoge la vía del sacerdocio y entra en el seminario diocesano de Villa Devoto.

1958   *11 de marzo.* Entra en el noviciado de la Compañía de Jesús y, dos años después, toma los primeros votos.

1969   *13 de diciembre.* Es ordenado sacerdote.

1973   *22 de abril.* Hace su juramento final como jesuita.
31 de julio. Es nombrado Superior Provincial de los Jesuitas en Argentina.

1980   Es nombrado rector del Colegio San José.

1992   *20 de mayo.* Es nombrado por Juan Pablo II obispo auxiliar de Buenos Aires.

1993   *21 de diciembre.* Es nombrado vicario general de la arquidiócesis.

1997   *3 de junio.* Es promovido a arzobispo coadjutor de Buenos Aires y, al año siguiente, le nombran guía de la Arquidiócesis, volviéndose también primado de Argentina.

2001   *21 de febrero.* Es ordenado cardenal por Juan Pablo II.

2005   Participa en el cónclave en que eligen a Benedicto XVI.

2013   *13 de marzo.* Es elegido sumo pontífice y toma el nombre de Francisco: primer papa latinoamericano, primer papa jesuita, primer papa con el nombre de Francisco.